我照看过2800个孩子

没有一个孩子与别人相同

父母不用太过担心

每个孩子都能像花儿一样开放

育儿其实很简单

可以很顺利地进行

大家都可以成为成功的父母

20 多年来我们做到了"零投诉"。

"一定要让孩子在这里上学!"

每个孩子都能像花儿一样开放

[日]大川繁子　著　　郑文莹　译

北京联合出版公司
Beijing United Publishing Co.,Ltd.

"什么？在职的幼儿老师是位 92 岁的老奶奶？"

——从事幼儿教育 60 年，教过 2800 个孩子
"奇迹幼儿园"与众不同的育儿法

"这里简直就是一所奇迹幼儿园！"

每每听到来自全国各地的参观考察者、记者采访人员发出这样的赞叹声，我内心也会产生些许自豪感。他们也常常惊叹：

"什么？在职的幼儿老师是位 92 岁的老奶奶？"

听到这句话，又总觉得有些不好意思。

"奇迹幼儿园的老奶奶幼儿老师"，单看这个题目，脑海中会不会浮现童话故事中的魔法师？

当然，我并不是魔法师。那为什么年过90依旧从事教师的工作呢？

如果硬要说理由的话，首先我觉得自己还处于学习的路上，育儿工作中蕴含着深奥的学问，其魅力让我着迷，所以还不能就此止步。虽说从事幼儿工作约有60年，教过2800多个孩子，但我完全不认为自己将幼儿教育做到了尽善尽美的程度。需要学习的东西还有很多，一直怀有这样的想法，不知不觉就过了耄耋之年。俗话说，"活到老，学到老"，生命的每一天都应该学习。

第二个理由，当然是因为孩子们太可爱了！

每个孩子都有自己的个性，活泼可爱，聪明伶俐。每年毕业季来临之际，我甚至会产生"不想放手"的想法，但育儿工作者不该有这样的想法。

抱歉，应该先自我介绍一下。初次见面，我叫大川繁子，是栃木县足利市小俣幼儿生活园的主任。或许你会觉得"幼儿生活园"这个名字有些奇怪，但其实就是大家理解的幼儿园，适合 0~5 岁的孩子。

我生于 1927 年，现年 92 岁。从 34 岁至今，我一直在这所幼儿园和众多孩子们一起生活成长。当年我初次负责的孩子们，如今儿孙满堂也不足为奇。一想到当年那个调皮捣蛋鬼已经当了爷爷，不禁感到有些滑稽可笑！

这所幼儿园之所以被称为"奇迹"，并不是因为我 92 岁仍在从事幼儿教育。长期以来，我确实一直坚守在育儿工作的第一线，照看过很多孩子，但我本身并不是一个拥有高超技能的奇迹育儿师。

如果真有"奇迹"的话，那应该是我们幼儿园独特的育儿方式吧。

孩子健康快乐地成长，他们自立的程度远远超乎你的想象。对此，我充满信心。

我们幼儿园的教育理念，用一句话概括就是"自由生存能力和责任"。

当他们毕业时，我们希望他们可以热衷于自己喜欢的事情，独立思考，能够发挥自身的能力（自由生存能力），并富有责任感。

希望他们时刻牢记"自由生存能力和责任"，自立自强；希望他们能够笑对人生，享受生活的乐趣。

我们正是怀揣着这份期盼，制定每天的育儿方针。和一般的幼儿园相比，我们还有很多小小的与众不同之处。

首先，幼儿园面积超过 3000 坪（约 9900 平方米）。庭园俨然是一座小山林，只是在里面走走就可以享受森林浴，观察大自然。有池塘，有梅林，有灯笼，有圣母马利亚像……是不是有些难以想象？在这个宽阔的庭园里，所有场地均对孩子们开放。

其中最古老的园舍距今已有约 170 年的历史，是当年大川家作为自家住宅使用，如今成为孩子们的"第二个家"。它已经被列为日本有形文化财产。

这样的幼儿园环境，确实有些特殊。

但真正与众不同的，还是我们践行的育儿方针——培养孩子"自由生存能力"。

"不是安排大家一起去做"

对于 0~4 岁的孩子，没有规定全班一起做同一件事情。每个孩子都可以去做自己想做的事情。幼儿园里年龄最大的 5 岁孩子，每天有一个小时是和大家一起做相同的事情。

"自己的事情自己决定"

幼儿园内提供的饭菜采用自助餐的形式，由孩子自己决定盛多少。到了就餐时间，如果孩子还有想做的事情，也可以选择不吃。

"不强制睡午觉"

在午休时间，超过 20 分钟仍然无法入睡的孩子，可以起床玩耍。

"规则由孩子们制定"

幼儿老师几乎不会擅自制定规则，都是和孩子们一起商量制定。

"不命令孩子"

当想要孩子做什么事情时，老师们一般会询问

"……好不好？"，绝不会使用"快去……""要把……
（做好）"等命令式语气。

……

这只是育儿方式的冰山一角，是不是有些不太一样？

我们总将幼儿园戏称为"放任自由的幼儿园"。因
为，在我们幼儿园内，老师从不会命令孩子们去做什
么，或者让孩子们必须上什么课程。孩子们来到幼儿
园，只需按照自己的喜好活动。即使一整天都在玩同一
个游戏，我们也不会干涉。哪怕一周都在玩，我们也会
任其玩耍。

有人会好奇，这样的话岂不是会引起幼儿园混乱，
孩子们的状况变得一团糟？你会不会觉得这样的规则有
些不可思议？

正因如此，外来参观的学习者才会发出这样的感
叹："这里简直就是一所奇迹幼儿园！"

很多老师虽然也说"给孩子自由"，但心底里对这
样一种与众不同的育儿方式是持怀疑的态度。事实上，
我们坚信：这绝不是简单的放任不管。

　　从爸爸妈妈将他们最重要的宝贝送入幼儿园，直到他们下班回来，我们都在努力培养孩子——我们有自信正在做着出色的早期教育。

　　我们育儿的理念来源于蒙台梭利教育和阿德勒心理学。有很多关于这两种教育思想的书籍，相信不少家长也有所了解。

　　简单说明一下，蒙台梭利教育起源于智障儿童教育，是一种旨在培养"自立的人"的教育方法和理念。对于孩子应该做的事情，家长不应单方面擅自做决定，不应过分干涉；为了充分发挥孩子的潜能，始终坚持做他们的后援。

　　阿德勒心理学认为，大人和孩子是平等的。不能因为年长就采取居高临下的态度，或是命令孩子，冲孩子发火。别说训斥孩子，表扬、评价孩子也应该尽量避免。只有认同、尊重孩子，才能教育好孩子。

　　30 年前，我们将蒙台梭利教育引入育儿工作中，20年前开始引入阿德勒心理学。我们汲取这两种育儿理念的时间，都远远早于它们被广泛推广的时间。对于这两种教育思想，我们一直在"取其精华，实践应用"。

话说回来，我们幼儿园为什么会引入蒙台梭利教育呢？

小俣幼儿生活园，是我婆婆在昭和二十四年（1949年）成立的幼儿园。在创办第二年，由于还差一名有资格证的幼儿老师，作为儿媳妇的我便被婆婆"收入麾下"。

虽然我当时对育儿工作没有什么特别的兴趣，但是婆婆的话就是圣旨。一边背着刚刚出生的二儿子忙个不停，一边努力学习，总算通过了资格考试。

在很长一段时间，我只是挂名幼儿老师（兼职做一些育儿工作），直到孩子们上了中学，我才真正开始了育儿工作生涯。虽然35岁起步较晚，但和孩子们一接触，每天都变得超级开心，所以我马上就沉浸其中，乐此不疲地工作至今。

小俣幼儿生活园一直按部就班地进行着，转折点是我婆婆去世。在葬礼上，幼儿园理事会这样宣布：

"繁子女士继续担任保育主任，大川真担任园长。"

"什么？大川真担任园长？"

　　我十分震惊。因为二儿子大川真刚大学毕业不久，正在一所设计学校学习，那时他才25岁。对于育儿工作，完全是个门外汉。在众人面前当场被任命，儿子为顾及面子勉强回到了幼儿园，但很长一段时间他什么也没做。

　　一次他在幼儿园里闲逛，发现一名资深的幼儿老师正在黑暗的房间里训斥不睡午觉的孩子。于是他忍不住提醒道："不要仅仅因为不睡午觉就训斥孩子！"没想到却遭到强烈的反驳："请不要在孩子面前训斥我！"对于这种回复，他也确实是无可争辩。

　　但这件事却成为大川真作为园长认真考虑育儿工作的契机。

　　"我不想做这样的幼儿教育，这种教育绝对有问题。"

　　于是，大川真走访考察了附近的所有幼儿园，但各个幼儿园的教育模式几乎如出一辙，这令他非常失望。然而，他并没有放弃，他开始将目光投向国外，就这样他接触了蒙台梭利教育。

　　"这正是我要寻找的幼儿教育！"

大川真立即向国内蒙台梭利教育第一人赤羽惠子老师学习。

可是，由于大川真没有幼师资格证，即使在幼儿园强行推行自己的想法，肯定也会遭到资深幼儿老师们的反对。即便是我，长时间受传统教育的影响，心中对此也是半信半疑——"嗯，那种教育能行得通吗？"

因此，大川真又想出一个办法。每年派一名幼儿老师到京都参加赤羽老师蒙台梭利教师培训班。

大概过了七八年，幼儿园内所有幼儿老师都研修后，老师们自己提出："园长，我们来实行蒙台梭利教育的自由育儿、纵向分班制度吧！"当时我也非常意外，大川真强掩内心的喜悦，故作镇定地说："嗯，好的。"

自此，小俣幼儿生活园可谓焕然一新。幼儿园园长，可以说是高瞻远瞩吧！

又过了10年，园长接触到阿德勒心理学。他被深深地震撼了，于是将阿德勒心理学引入日本，并向形成独特发展模式理念的野田俊作老师学习。

对我而言，整个教师生涯中有一半时间在实践传统育儿，一半时间在实践现代育儿法。当然，在最初的 30 年里，我也是尽心尽力，十分快乐。

但是，我现在已经回不到过去的育儿方式了。

因为孩子们的情况和成长方式已经与原来截然不同。

值得庆幸的是，幼儿园里孩子的妈妈们都热情高涨，"一定要让孩子在这里上学！"甚至有爸爸在外地工作，带孩子搬过来居住的"勇士"妈妈。

因为她们从心底认可我们的教育方针和理念，所以 20 多年来我们做到了"零投诉"。

政府部门也表示诧异，因为这在育儿领域简直是难以想象的神话。

另外，来幼儿园视察的人络绎不绝，完全超乎我的想象。我们并没有进行宣传（网页、宣传册之类的都没有），络绎不绝前来的人们令我们有些诚惶诚恐，"真的有值得参观学习的地方吗？"

总之，来幼儿园里参观的人，无论是育儿工作者、大学教师，还是大学生，等等，都会发出赞叹。

　　然而，更令我开心的是，幼儿老师们写在日志里的话："能够以这样的方式育儿，我感到很幸福。"与孩子处于平等立场进行育儿，培养孩子自由生存的能力，也会让大人变得幸福快乐！而大人内心的这种感受又会传递给孩子！

　　由于工作很幸福，没有人想要辞职，即便辞职了也会马上回来。但这也导致我们有一段时间因为幼儿老师的平均年龄过大而苦恼……

　　的确，幼儿老师平均连续工作年限为六七年，私立幼儿园幼儿老师的离职率为 12%，从这点来看，我们又有些与众不同。

　　这次，当有人跟我说"能不能把你的经验写成一本书"时，我一直在思考到底要写些什么。

　　转念一想，我突然意识到只要把读者想象成孩子的爸爸妈妈，想象成同他们聊天就可以了。

　　为了培养孩子"自由生存能力和责任"，我和幼儿园里的老师们不断摸索、学习。我觉得将这些和我们的想法写下来，肯定会对家长们有所帮助。

因为，只要拥有"自由生存能力和责任"，任何一个孩子在任何一种社会环境中都可以幸福地生存下去。年过90的我不必说，各位家长们也一样，即使在难以想象的世界中，也应该在各自的位置以独有的笑容生存下去。

拿到这本书的爸爸妈妈们，或许会认为这是本育儿书。但是，请先放松心情。因为这本书不是以培养大人眼中的好孩子、优秀的孩子，即所谓的"成功人士"为目标，而是一本教你如何让孩子自立的育儿书。

我会穿插讲述幼儿园历届孩子们的奇闻逸事，告诉家长们如何支持孩子让他按自身独特的方式健康快乐地成长。

大家无意间可能已被"一定要如何"的育儿观念所束缚，一旦跳出来想，就会变得无比轻松，从而以更积极的态度对待孩子。调皮捣蛋鬼，任性自私的孩子，让人发愁的麻烦生，所有的孩子在你眼中都不再令人"头疼"。

本书内容分为五部分，分别是为了培养"自由生存能力"、希望家长恪守的沟通交流法则、在孩子幼儿时期构筑幸福的三角形、照看过 2800 个幼儿的"育儿秘籍"、我想对妈妈说的话。希望您在阅读本书时，心里想着心爱的宝贝，满怀慈爱喜悦的心情阅读。

我养育了三个儿子，抚育他们是一个不断摸索、充满失败的过程。说"充满失败"或许会惹怒儿子。但是，实际上我经常大发雷霆地训斥他们，有时候还会动手打他们。现在想来常常觉得非常对不起他们。

"育儿其实很简单，可以很顺利地进行，大家都可以成为成功的父母。"

你肯定会想：这么说的人，不了解作为母亲的烦恼吧！

因为我也身为人母，同时照看过那么多孩子，所以你不用太过担心，孩子们都会健康快乐地长大。

每一个孩子都是独特且丰富多彩的个体，让我们一起开启培养他们"自由生存能力"的快乐旅程吧！

目　录

第 2 章

希望家长恪守的沟通交流法则

第3章

在孩子幼儿时期构筑幸福的三角形

第4章

照看过 2800 个幼儿的"育儿秘籍"

第 5 章

我想对妈妈说的话

附　录

后　记　　　　　194

第 1 章

为了培养
"自由生存能力"

只是一味地强调"这也不行，那也不许"，
孩子不会有任何经历。没有经历，就无法思考。
不思考，孩子就不会成长。

每个孩子都能像花儿一样开放

比 起 成 为 成 功 人 士 ， 孩 子 更 应 努 力 绽 放 自 我

我们从入园仪式上我经常讲给家长们的话开始吧。这也是我对孩子们的期望。

想必各位家长一定非常疼爱、重视自己的孩子。想让他们拥有更好的人生，想让他们幸福，想让他们的人生一帆风顺。我想每位家长从心底都是这样期盼的。毋庸置疑，这就是父母之心。

最近育儿信息铺天盖地，家长们或多或少都有所了解。因此，为了"让孩子幸福"，有不少人热衷于教育。他们期盼孩子在某方面才华出众，取得巨大的成功……

比如，我跟探讨入园问题的妈妈讲"我们采取的是蒙台梭利教育"，就会引来急切的追问：

"那目的是培养海外创业家那样的成功人士吗？"

"哦，那只是致力于早期教育是吧？"

很抱歉，辜负这些妈妈的期望了，我们完全没有那样的目标。因为每个孩子都是独一无二的，没有必要一定成为所谓的成功人士。92 岁的我完全算不上成功人士，但却过得很幸福。

我们的育儿宗旨不是培养所谓的成功人士，而是让**每一个孩子充分发挥施展他特有的才华和能力。**

有首诗可以简洁明了地表达这种想法。

这句诗也是我们幼儿园的座右铭。

"无名草也结果　竭尽全力绽放自己的独特之花"

选自《正因为我是个人》的"自身之花"

这才是幸福的终极形式，会不会也觉得恰恰是孩子们真实身影的写照呢？

每朵花都是独一无二的，无须灿烂美丽、大朵盛放而赢得别人关注。

我希望它们能靠自己的努力绽放属于自己的花朵，不论形状，不论颜色。

即使是小而朴素的花朵，如果能舒缓观赏之人的内心，那样不是很好吗？

在育儿过程中最痛苦的是，对本应绽放满天星花朵的孩子，父母坚持认为"不应该这样，我的孩子应该是玫瑰，必须让他长成玫瑰"。换句话说，就是父母对孩子的否定。

支持孩子，帮助孩子，让他们的才能得以发展是家长们义不容辞的职责。

不过，孩子优秀、富有、取得成就，并不意味着了不起，也更谈不上"育儿的成功"。

我想每个孩子都应该绽放自己独特的花朵，以独特的方式盛开，也就是我们需要发现他们的个性。

真正的不幸不是没有成为成功人士，而是一味地追求机械刻板的成功人士形象而否定真正的自我，无法认同自己，导致最终无法发挥自己的能力。

如今，我已从幼儿园内送出了 2800 多个孩子。

或许正是因为了解这些，才更能切实感受到普通的幸福——找到属于自己的花，努力使其绽放的可贵。

我们面前的孩子平安快乐地活着，就是最好的结果。

家长们请不要太贪心。

没有一个孩子与别人相同

再 小 的 孩 子 ， 也 会 充 分 展 现 个 性

大家应该听过这样的说法："育儿方式没有绝对的正确。"那是因为孩子是具有个性的个体。在幼儿园里，看到他们展现出各自完全不同的姿态，就会收获无穷的趣味。

有一次，在 2 年级班里发生了一件事。

小花发现绘本的背面封皮不知被谁用彩色铅笔乱涂乱画。

"啊呀，这个，必须得擦掉！"于是她开始用橡皮擦。

这时，旁边的桃子生气地说："这个是瓦斯涂的！太坏了！"然后冲着瓦斯严厉斥责道："往上面乱涂乱画是不行的，傻瓜才会那么做！"

于是被训斥的瓦斯开始大哭起来叫"妈妈……"。

原本爱哭鼻子的小爱，见到这种状况有些不知如何是好。"瓦斯，来这儿！"她说着把瓦斯领到房间的角落里，开始了她的采访游戏："你叫什么名字？"瓦斯一边哭一边回答道："瓦斯。"……

多亏了采访游戏，瓦斯慢慢平静下来。幼儿老师看时机差不多了，就递给他一块加入了研磨剂的海绵："用这个可以很好地擦掉哟。"瓦斯拼命擦拭，将封皮擦得干干净净，听到幼儿老师说"太好了"，他开心地大呼"成功！"。

之后教室又恢复了原样，好像什么都没发生过一样。

像这样，**即使遇到相同的事件，孩子们由于个性不同，会各自表现出截然不同的反应。**

发现涂鸦，首先想到要擦干净的小花。

语气强硬但正义感十足的桃子。

其中小爱的应对方式堪称绝妙，多亏采访游戏的治愈力，瓦斯才能够为自己的行为负责任。

孩子们都有自己独特的想法，并且在竭尽全力地表现。当我在幼儿老师的日志中看到这则趣事时，内心很受触动：2岁孩子的个性就如此丰富了。他们虽然身体弱小，却已盛开了各自的花朵。

女孩说话早，男孩娇气包……社会上经常有这样的说法。

孩子或许存在这种倾向，但并不是"必须这样做"。因为每个孩子都有优秀的个性，无关性别和出生月份。

在我遇到的2800多个孩子中，没有一个孩子的成长方式是与别人相同的。

对于人们常说的那些育儿常识，打个问号再去接受。比起那些育儿常识，我们更需要做的是充分欣赏你眼前这个孩子活力四射的个性。

必须引导孩子自己思考

教育很"可怕"，自由比什么都宝贵

育儿的含义就是将"保护"和"教育"结合起来，但我内心深处一直觉得"教育是最可怕的"。

我在孩童时代历经战争，随着成长，战争愈演愈烈。学校的课程不断减少，农活增多，还要在军需工厂劳作。虽然很辛苦，但父母老师都要求我这样做，所以也就似懂非懂地默默接受了。

在学生时代，我也练习过竹枪，因为想着"美国兵要是来了，就用这个杀了他"。

当时孩子的思想被禁锢了。这样说可能有些夸张，上学期间我一直是个优等生，比一般人更热忱于学习。

正因如此，当战争结束，思想摆脱束缚后，我才意识到"教育是多么可怕啊……"。大人强行灌输自己的想法，孩子很容易就会被那种想法所束缚。因此，我决定在今后的生活中，对任何问题都要打个问号，在听取他人意见的同时，自己做出判断。

之后，结婚嫁到枥木的大川家，从事育儿工作，也一直提醒自己务必要坚持"自主"这个原则。我们必须引导孩子们自己思考，有自己的意见，活出自己的样子，而不是简单地回应"好的，知道了"。

这不正是让他们获得"自由生存能力"吗？

强行灌输大人所谓的"正确想法"，就类似于军国主义。自由，比什么都宝贵。

不让孩子学习真的没事儿吗

父 母 首 先 要 有 判 断 力

有的父母虽然让孩子上完全没有课程计划的"放任型幼儿园",但内心深处还是会有一丝不安,"不让孩子学习真的没事儿吗?"实际上,也有离开我们幼儿园,去上公立幼儿园的孩子。或许担心会对我们有什么不好的影响,所以偷偷让孩子去……

话说回来,父母的决定,我绝不反对。因为父母为了自己宝贝的成长,经过认真思考做出的决定是非常有价值的。

例如,有的妈妈希望我告诉她所有的育儿秘诀。

因为市里现在有人提到"要说绘本，还得是大川老师"，所以有不少妈妈会问我"我们孩子读哪些绘本比较好？"。

很开心因阅历丰富而被信任，我也会因此情绪高涨，干劲十足——"好的，交给我！"

但是，对于孩子的事情，最终做决定的仍是父母。

"好的，知道了。"像这样完全听任别人的建议是不行的。

所以，对于教育行业人士给我们带来的一些教材和绘本，我们会直接告诉他们："我们不会以幼儿园的名义推荐给孩子们哦。"我们会将那些书籍全部分发下去，我们不做取舍选择。因为判断教材对孩子是否有必要的不是我们，而是父母。

如果我对一个母亲说"请这样做""请给孩子阅读那个绘本"，即使我说的是正确的，但无论经过多久，这位母亲也无法具备"妈妈力"。也就是说，离开老师的指导，她就无法"自立"，对不对？

期盼孩子具备"自由生存能力"，而妈妈自己却无

法独立自主。是不是有些可笑？

我每两个月会给孩子的监护人发出一封名为"马利亚之丘通信"的信件。

在第一期信件中，我要传达的是我和父母是"育儿的合作伙伴"。"咦？""为什么？"你所有的疑惑都可以毫无顾忌地说出来，这对于育儿来说是非常有必要的。

思考"这样做对不对"，当自己无法做出判断时要向周围人请教，和其他人探讨。作为孩子的父母，我们要给出一个令人信服的答案。

当然，书中全部的内容只是我个人的些许见解和思考。希望大家不要囫囵吞枣地全盘接受，而是带着思考去阅读。

或许你认为我有些观点并不正确，那也很好——我认为那是好事。

明明想看绘本，却非要一起唱歌

让 孩 子 尽 情 地 投 入 进 去

为了让孩子们具备"自由生存能力"，我们一直在引入"自由育儿"的理念。

"让我们全班一起来做这个！""现在是集中精力做这件事的时间。"类似这样的规定，我们没有，而是孩子们各自自由地度过每一天。

每天从早到晚，每个孩子都按照自己喜欢的方式玩耍。想自己一个人玩的就自己单独玩，想大家一起玩的就去跟身边的小朋友打招呼。幼儿老师从不会中途提议或终止孩子们的玩耍。

　　这正是基于蒙台梭利 "孩子是有敏感期的" 这一观念而采用的育儿方式。敏感期，是指表现出 "我想做这个！" 这种强烈愿望的时期。蒙台梭利认为：**不要干扰敏感期的孩子，让他们尽情地投入到他们喜欢的事情中！**

　　敏感期从什么时候开始，敏感的对象是什么，这个因人而异、各不相同。

　　一个 1 岁孩子，为了制作不变形的泥丸子，从早到晚一直在沙池里反复试验。

　　一个 3 岁孩子，看到 5 岁的哥哥想要学会玩单杠后翻，日复一日地练习。

　　一个 5 岁孩子，从知道怎样折纸鹤那天起，一连几周从未间断。

　　几个小时，甚至几天，一直重复做同样的事情。尽情地投入进去、完成、满足，然后进入下一个敏感期。全神贯注地致力于做一件事情的模样，虽然是孩子却无比帅气！

　　孩子们的敏感期也是不同的。

如果强行让他们遵从大人决定的课程计划,"接下来是节奏游戏时间""现在是运动时间",对他们来说偏离了自己的意愿,他们自然不会兴致勃勃地投入进去。

"啊,差一点儿隧道就建好了! 好想快点儿回到我的沙池呀。"

"明明想看绘本,却非要一起唱歌,好无聊啊。"

大家有没有过这样的儿时记忆呢?

敏感期,是指对某件事情表现出强烈执着情绪的时期。

敏感期是孩子顺利成长,迅速获得某个领域能力必经的成长阶段。所以,请一定不要将这种"执着"理解为任性。

宝贵的敏感期,可以为孩子今后的发展打下基础,一旦错过便不会再有。

首先,让我们积极地认同孩子们敏感期的诉求吧!

孩子想做是最重要的

后劲十足的孩子，正在充分享受当下

　　在幼儿园里，每个孩子都可以自由玩耍，但年龄最大的 5 岁孩子稍微不同。对于他们来说，每天有一个小时，需要大家一起做同样的事情，这被称为"设定时间"。

　　在提前规划的课程中，我负责的是每周一次的达尔克罗兹体态律动音乐教学法（由音乐、歌唱和即兴表演组成的音乐教学法，你可以想象成使用钢琴的节奏游戏。孩子将从钢琴声中感受到的节奏和故事以自己的方式努力表现出来，这种自由性正是它的魅力所在）和每月一次的"故事讲坛"（不使用图片，不使用书本，为孩子讲述故事。孩子们只依靠声音在头脑中联想情景）。

5 岁的孩子，其他时间做什么，完全自由。在前一周的周五，孩子们会和幼儿老师交谈，热烈讨论。比如在夏祭前夕，可能会产生下面的对话。

"好想像去年的蓝组（比他们大一届的孩子）一样，制作神舆啊。"

"哦，想做神舆啊，那我们花几天时间做呢？"

"星期一和星期二！星期三想玩足球！"

幼儿老师并不是一时心血来潮或者暂定一个活动，而是心里想着作为传统节日希望孩子们做事情，但是一般情况下大家都记得自己去年仰慕的蓝组，总会说："我们也想做那个，看上去好有趣！"所以幼儿老师就会回复"那么，就让我们一起来做吧"。

为什么只会为 5 岁的孩子"设定时间"呢？

首先，5 岁的孩子不同于 0~4 岁的孩子，他们已经开始享受"大家一起做点什么"的乐趣，以及时间带来小小的紧张感。

最重要的是，他们必须为马上到来的小学生活做准备。因此，对于之前一直随心所欲玩耍的孩子，有必要花些时间告诉他们"自己不想做的想法要暂时先放一放，要和周围人统一步调"。

我们幼儿园的生活与小学的生活相比，差距很大。即使是普通幼儿园的孩子，上小学时都会比较吃力，我们幼儿园的孩子肯定更"不适应"了。

所以，每年在向孩子们即将升入的小学递交信息表时，我们都会写道："我们的孩子可能会给您添麻烦。实在抱歉，请您多多关照。"

当然，眼看毕业一步步逼近，我也会不断告诉孩子们，"小学是学习的地方哟""学习好的秘诀就是要认真地听老师的话"。

但是，与接受过严格的幼儿教育、有合作协调能力的孩子相比，他们在行为举止上肯定有所不同。这一点是肯定存在的。所以，只能提前跟家长们说明、道歉。

然而，值得庆幸的是，无论哪个小学，我们都会收到这样的回复：

"不不不，没关系的。因为小俣的孩子们，到了5年级成绩就会有突飞猛进的进步。"

确实，在一年级入学初期，我们幼儿园的孩子与在幼儿园顺利写过作文的孩子和在补习班学过英语的孩子相比，学习自然会感到吃力。

然而，这种"起跑猛冲"的差距会逐渐缩小，在快升入中学时，小俣的孩子们开始进步神速、大显身手。据说学校每年都非常期待他们的表现。

这些反馈让我非常欣慰，因为"好，做起来！""我想做！"这种自己做决定时所迸发出来的力量是非常强大的。我认为，这或许正是幼儿园生活中积聚的强大力量孕育出来的。

小春在幼儿园里是所谓的"问题孩子"，躁动不安，无法安静地坐下来听绘本。但在中学时代，她下定决心想学英语，最终实现完美逆袭。

在本市中学生前往斯普林菲尔德短期留学活动中，她成为学校代表，更被选为游学团代表。现在她怀着"想要更多更深入地学习英语"的这份热情，在基督教高中狂热地学习着。

即使毕业于我们并无重点教授英语课程的幼儿园，只要本人下决心"想做"的话，仍旧可以开辟出自己的"英语"道路。在小春的身上，我再一次学到，即使小时候不是优等生，不是大人眼中的"好孩子"，即使不学习，只要具备自由生存的能力，依旧可以出色地成长。

我一直认为在孩子小的时候，没有必要灌输一些大人理解的"教育"，而是应该尽可能让孩子多积累专注于自己选择事情的经验。

我相信，当他成为大人，找到自己真正想努力做的事情时，这种经验将会成为他无穷力量的源泉。

大川老师，我想学写名字

创造机会，让孩子自然而然地"想要做……"

最近，小学都要求"在孩子入学前，要学会写自己的名字"。

按照原本的规定，写名字是小学要教的。

但现在，很多热心教育的幼儿园，不仅教孩子写名字，甚至连作文都开始教了。所以，如果有个别孩子连自己的名字也不认识、不会写的话，老师会很麻烦，并且这些孩子也会产生自卑心理。

所以，在幼儿园毕业前必须让孩子学会读写自己的名字……但是我们不会安排"好了，现在是练习写名字的时间",而是适时地创造机会。

创造了机会,孩子自然而然就能记住自己的名字,即使记不住也"想了解,想知道"。

说到"创造机会",并不是什么了不起的创意。

我们幼儿园从 3 岁班级开始,每天来幼儿园的第一件事就是自己取带有别针的姓名牌,别在自己身上。一开始告诉他们"这是你的名牌"时,孩子们十分茫然,开始记形状。每天重复这样做,等到孩子 4 岁时,他们已经完全可以辨别自己的名字了。然后,他们会来找我:"大川老师,我想写自己的名字!"于是我开始教他们。

无论如何,要在孩子们说出"我想做"之后,再教授,不能强迫孩子学习。

在"想写"的想法自然萌发之前,我们需要从容不迫地等待。

虽说我们一直贯彻这样的理念,但是有一年一个名叫小政的男孩,在升入 4 岁班、5 岁班后,一直对文字没有兴趣。眼看着毕业临近,该怎么办呢?

我们创造了环境，他却"不想了解"，说明还不到时候，所以我不想强迫他坐下学写字。但是，上了小学小政肯定会很辛苦，好可怜！哎，冥思苦想不知该如何是好。

最终改变这个状况的方法是——折纸！

因为幼儿园园长特别擅长折纸，所以孩子们经常跑到园长身边说："园长，请帮我折一个狮子！""教我折企鹅好吗？"……

一天小政也来找园长："园长，请帮我折一个大象。"但是，园长因为有事，就对他说："在纸上写上你的名字和要折的东西，然后拿给我。不写的话，我有可能会忘记。"

接下来，小政昂首挺胸地说："啊？可是我不会写字啊。"

于是园长告诉他："那找老师也可以，同学也行，帮你写一下。""知道了！"小政大声回应着开始去找会写字的朋友。

这样重复了几次后，小政好像突然意识到："写字"

这件事，好像还挺方便的。

于是他嗖地跑到我身边说："大川老师，我想学写名字！"

"啊，终于对文字感兴趣了！"我内心长舒一口气，开始教他写名字。因为"想了解"的心情非常强烈，所以一个劲儿地要求"还要学，还要学"。结果不到一周，他就 50 个假名全部记住了。这样看来，孩子的干劲是非常了不起的！

不管对"不想认字"的小政说多少遍"会写自己名字的话会很方便哦"，估计他只会毫无兴趣地敷衍道"这样啊"。

重要的不是将一切准备妥当让孩子去掌握学习，而是创造孩子"想要做……"的条件和环境。

为此，要煞费苦心，开动脑筋。大人们要使出看家本领喽。

牛奶和茶，喝哪个

做决定的是孩子，大人只需提供让孩子做决定的"材料"

对于见证过婴儿弱小无助的爸爸妈妈来说，孩子不管怎么长大，总会认为他们"什么都做不了"。即使 2 岁，3 岁，甚至 4 岁，还总是把他们当作婴儿看待，不知不觉就会插手帮忙。

但是，孩子有自己决定自己事情的权利。

我们大人的工作，只是给他们提供做决定的"材料"。

当然，一开始让孩子做决定会有点困难。

所以，首先从"选择"开始。

我们幼儿园从 1 岁幼儿开始进行"选择"练习。

比如，午饭时我们会拿出两条湿毛巾问："你要哪个？"虽然两条毛巾是同样的，但孩子们还是会进行选择："嗯——要这个！""我要那个！"还有"牛奶和茶，喝哪个？""大酱汤，盛多少？"等等，尽可能地让孩子自己做决定。

此外，是否去散步也由孩子自己决定。如果是"今天没什么兴致，想待在屋里玩"的孩子，就可以留在屋里。

在家里的话，像袜子、衬衫这些穿在身上的衣物，都可以试着让孩子自己选择。即使他们搭配得不协调不配对，也请尊重他们的选择。这正是孩子的可爱之处。

像这样不断积累孩子"选择"的经验，渐渐地，孩子就可以"自己做决定"了。

而且，**切勿干预孩子已经决定好的事情。**

假设有个女孩选择穿着带有飘逸荷叶边的礼服裙去

幼儿园。虽然，简洁的服饰玩耍起来更方便，父母也会觉得这样的衣服穿去幼儿园有些可惜了。但是，如果命令她"把那个脱下来，穿这个"，孩子就会感觉自己的选择被否定了，自然就会不开心。

但是也不能一味地回答"好的，好的"，只听从孩子们的选择。因为孩子们还不具备充分的知识去做选择。

所以，在这种情况下，要向他们提供做决定必需的"材料"。

"你最喜欢的这条裙子可能会被弄脏哦，真的要穿这件吗？"

如果她仍然回答"那我也要穿这件"，父母即使心里想着"什么？太糟蹋衣服啦"，也要默默接受她的决定。

如果她意识到"果然，这件裙子不方便玩耍""我不想弄脏它"，而决定换件衣服的话，那也很好。因为这会成为她更改决定的一次宝贵经历。

这样做会不会好些呢

启发、引导孩子"自己思考"

在 5 岁班里练习演唱圣诞联欢会的歌曲时，瑞希开玩笑地模仿起指挥演唱的我。大家见状都笑个不停，班里瞬间乱哄哄闹成一团……

这时，我会这样询问："瑞希，现在你觉得怎么做才好呢？自己想一下好不好？"

当然，仅仅这样说的话，孩子有些摸不着头脑。所以我继续加以说明："指挥的作用，就是让大家看着他，把音乐的节奏、速度、强弱统一成一个整体。如果有两个指挥者，那大家是不是就不知道该怎么办了？"将这些话告诉他，让他自己思考该如何做。瑞希歪着头想了片刻，决定"唱歌"。

要想让孩子自由生存，思考能力是不可或缺的。

如果什么事都不思考，只是盲目地接受别人的建议，则会成为自由生存的阻碍。

所以，我总是不断地跟孩子们说"要自己思考哟"。

孩子总是会做些大人们想要阻止的事情，喧闹、荒唐，但又很可爱。

这时候如果单方面强迫他们"停下来"，就会剥夺他们思考的机会，最终变成"妈妈不让我做，所以我不做"的思维模式。所以，一定要让孩子**自己思考，让孩子自己做决定。**

同样，大人们面面俱到、事无巨细地帮孩子安排，是剥夺孩子思考机会的主要因素。

"看看，是不是很危险？""看见没，下次这么做！"你有没有说过类似这样的话呢？即使话到嘴边，也要把它咽下去，静静地关注孩子的一举一动。

如果孩子绊倒了，要像在他绊倒后才意识到一样，"这样做会不会好些呢？""我来帮你吧！"像这样给孩子提出建议。

真的饿了吗？真的有必要吃吗

孩 子 有 决 定 自 己 事 情 的 能 力

"关于对自我的思考"这个话题似乎很少被提起，但我却认为它很重要。

因为遵从自己的内心和身体，是健康生活极为重要的条件。

我们为了给孩子创造"自我思考"的机会，2 岁以后采取自助餐的形式。吃什么、吃多少都由孩子自己思考、选择。自助餐就是孩子们了解自己的一个练习。

妈妈们可能会担心，"我家孩子没有这种经历，他能顺利选择食物，好好吃饭吗？……"没关系的，事实上每个孩子一开始进展都不顺利。有的孩子取得太多，完全吃不了；有的孩子只选一种，盛满整盘；有的孩子饭量小，几乎不怎么吃……各种情况都有。

但是，在这种时候，我们也不会发出这样或那样的指令。

比如："今天的量，有点太多了是吧？"

"特别喜欢这个，想吃一整盘是不是？可是这样别的孩子是不是就吃不到这个了？"

"即使一点点，多吃几样的话，白天就更有精神玩耍了哦。"

像这样跟他们说话，慢慢地他们就学会并善于选择自己的饮食了。

提到学校的饮食，一般都是固定的菜谱和饭量。因为这样可以保证营养均衡，所以大家会觉得更合理。

那我们为什么要采取自助餐的形式呢？

首先，进餐不应该是被强制的，而应该是一段快乐的时光，这是最基本的。

其次，因为我相信**孩子有决定自己事情的能力**。

即使是大人，多少也会有些挑剔吧。比如，今天可能没食欲，"吃个面包就可以了"；改天又食欲大发，"啊，好饿，我要猛吃一顿"。

孩子们也是一样。每天让他们和别人吃等量、同类的饭菜，看起来是理所当然的事情，在我看来有些奇怪。虽然我现在说这些有些自以为是的大话，但之前我也是一个进行传统育儿的幼儿老师。

催促慢吞吞不好好吃饭的孩子，即使大家都午睡了，还是要让他吃饭，把剩的最后一口塞进他嘴里才会安心让他午睡。现在回想起来有一种窒息感，我竟然做了那样的事情，太可怕了。

我当时是接受了"必须吃"的幼儿教育理念。

虽然是竭尽全力为孩子好，但是很明显"吃饭"没有成为孩子的一个快乐体验。或许在孩子内心也会留下对幼儿园的灰色记忆。对于当时的行为，真是非常抱歉。

对这种育儿方式提出质疑的，是对幼儿教育一窍不通，完全门外汉的二儿子，也就是园长。

"像这种强行让孩子们吃饭，或许能够保证营养均衡。但是吃饭应该包含更重要的东西吧。"

"就算你那么说，营养也得……""根据育儿常识的话……"起初我也会有这些想法，认为自助餐肯定不可行。

但是，当第一次尝试自助餐，看到孩子们的表情，哪种方式进餐更幸福就一目了然了。

爸爸妈妈们，你们自己有没有只是因为时间到了，而"被迫"吃饭呢？

真的饿了吗？真的有必要吃吗？到底想吃什么？请试着重新审视自己。

也许你会发现"最近没有倾听自己内心的声音了"。

当然，不仅仅是食欲，还有最近身体的状况、心情。你的状态好吗？有没有强迫自己呢？

没有审视自身的习惯，就不可能聆听到身体和心灵真正的声音。

所以，我希望孩子们尽早养成这种习惯。

帮我留一份！我一会儿吃！

讨论有助于提高孩子解决问题的能力

再举个和午饭有关的话题。

玩得正酣或者肚子不饿而表明"现在不想吃饭"的孩子，我们原本是允许孩子可以不吃的。幼儿老师会问"午饭时间到了，去吃饭吗？"，但做决定的是孩子本人。

虽说孩子嘴上说着"不吃"，如果真的不吃，过后肯定会饿。到时候，如果他说"老师，我想吃饭"，我们就会一边说"刚才没吃，现在果然肚子饿了吧"，一边带他一起去寻找食物。

如果班级的自助餐还有剩余，他就可以继续吃。

如果班里没有剩余的饭菜，"不好，太好吃了，大家全给吃光了。那我们去隔壁班看看吧"。

如果其他班也没有，"我们去食堂阿姨那儿看看"。

仍旧没有的话，"没有了，大家全都吃光了"。这样，孩子也就只能饿着了。运气好的话还可以吃到饭，运气不好的话孩子就要为自己的选择买单。

然而，小孩子是非常聪明的。渐渐地，他们不再说"不吃"，而改说"先给我留着"。"大川老师，帮我留一份！我一会儿吃！"

但是预留出来，又会引发别的问题。如果他一直不吃，这时有想再吃一碗的孩子就会提出"老师，我想吃那边剩的那些"。而且，一直放着，饭菜也会变得不新鲜。

于是，我们会和孩子们一起制定规则。

"大家有时候想让老师把饭菜给你们留出来是不是？但是也不知道你们吃还是不吃，看着留出来的饭菜想再吃一碗的孩子就很可怜，对不对？而且一直放着，食物是会坏掉的，吃到肚子里很危险。那我们怎么办才好呢？"

于是大家开始"各抒己见"，最终决定"定一个留饭菜的时间"。饭菜可以留到钟表的长针指到3（13点15分）。过了这个点，就可以分给想要的小朋友了。

制定这个规则的是"大家"，也就是孩子们"自己"。

所以，孩子们都会认真遵守。想吃的话就会赶在13点15分之前回来；玩得忘我，过了规定的时间，即使被别的孩子吃了，也不会抱怨。

这次饥肠辘辘，会让他下次变得慎重，不再犯同样的错误。

像这样，无论做什么决定，都不是幼儿老师单方面强加给孩子。大家一起思考，商量讨论，制定出一个可以接受的规则。

有时候，孩子们还会自己提出问题。

吵架也是，孩子们自己会互相调解。

或许有些夸大其词，这难道不是在构建民主主义社会的基础吗？

值得庆幸的是，我们得到了小学老师和家长们的肯定，"小俣幼儿生活园的孩子们解决问题的能力很强"。我认为正是得益于这样的育儿方式。

在家里，**家长们也应该尝试和孩子一起制定规则，而不是让孩子遵守家长制定好的规则。**

即使是叛逆心很强的捣蛋鬼，如果萌生了"自己思考、做决定"这一意识，说不定也会骄傲自豪地遵守规则呢。

可以带玩具进入幼儿园

只要有机会，孩子们就会自主学习

带玩具进入幼儿园，这在一般的幼儿园里是绝对不允许的，所以这一点也令大家十分惊讶。

我们认为，"即使是父母买的东西，在买来赠予孩子后，它就属于孩子了"。所以放在家里，还是带到幼儿园，或是送给朋友，都是所有者——孩子的自由。

首先提出这个想法的仍是园长。最开始我依然不赞同，"什么，把玩具带到幼儿园里，不行，肯定不行！"这样的育儿方式我前所未闻，担心会因此引发冲突。

面对充满担忧的我，园长是这样说的：

"当然一开始我们要告诉他们（把玩具带到幼儿园里）有可能会被弄坏，有可能会弄丢，要带来吗？告诉孩子这些后，孩子们如何做决定，就是他们的自由了。"

确实有道理，但……就这样我将信将疑地接受了"可以带玩具进入幼儿园"的方式。

虽然我们的原则是"不鼓励，也不禁止"，实际上，最初的状况非常糟糕。

知道可以带玩具后，有的孩子得意扬扬地带来精致昂贵的玩具。我内心惊慌不已，"哇，这玩具要是坏了可糟了！"孩子们却兴奋不已，大呼大喊："我想玩！"

由于那是单人玩的玩具，场面变得一发不可收拾，我赶紧把它收了起来。天哪，真不知道会发生什么事……

一开始场面混乱不堪，但是小孩子真的很厉害。

渐渐地，他们开始懂得如何和好朋友一起愉快地玩玩具。比如，他们会带可以多人玩的玩具；有同样玩具的孩子会约好一起带来；还有的孩子会使用玩具进行"社交谈判"，非常有趣。

有个孩子因为妈妈说"那么好的玩具，换了个这么不值钱的玩具"而垂头丧气。

"吃亏啦，以后别带去了。"

原来如此，我不禁有些佩服园长。虽说对这个孩子来说这件事可能有些遗憾，但却让他思考并学习如何对待自己重要的东西，玩具的价值，什么是交换等等，其中有很多学问。我想，园长正是想通过这样的事情，让孩子们自主"学习"。

只要创造机会，孩子们就会迅速学习成长。

从"禁止带玩具入园"，到"可以带玩具入园"，就为孩子们创造了学习的契机和环境。

说点题外话，最近的孩子好像真的没有什么物质欲望了。询问他们"生日想要什么"，竟然会收到"无所谓"的回答。不太珍爱的玩具就扔在幼儿园里，或是"不要了"送给朋友……

虽说时代不同了，但是不管在什么时代，还是希望孩子们能够爱惜物品，认真对待物品。所以为了培养他们的这种品质，希望妈妈们尽可能地只在一些特别的节日，比如生日、圣诞节等给他们买礼物、买玩具。

那棵树好细！爬上去很危险吧！

思考如何平衡好"保护"与"培养"

在前面提到过，"育儿"这个词包含着"保护"和"教育"两层含义。0岁，1岁，年龄越小，"守护"的成分越大。随着孩子的成长，"培养"占据的比重会越大。

不过，无论孩子长到多大，"保护"永远不会消失。守护孩子宝贵的生命，在任何时候都是最重要的，所以决不能让孩子受到难以弥补的伤害。

麻烦的是，过度重视"保护"的话，就会忽视"培养"。不许孩子受一丁点儿伤，这样就会"什么都不让他做"。显然，这并不是好的教育。

"那么，怎样才能做到保护和教育兼顾呢？能否做到一边保护，一边培养孩子成长呢？"

答案就是，**和孩子一起制定"安全规则"**。

比如，之前被称为"马利亚之丘"的庭园（山）最高处是禁止孩子前往的。我们觉得比较危险，因为照顾不到，而且途中有些地方比较难走。

如果只考虑到"保护"，就无法"培养"孩子，所以想着让孩子也能上去。

于是，年龄最大的 5 岁班孩子们和幼儿老师，一边行走在通往马利亚之丘的路上，一边制定出了一个个规则。

"啊，那棵树好细！爬上去很危险吧！"

"这里，刚刚好像有蜜蜂要飞出来！"

孩子一边用手指着，一边将其标记到地图上。孩子们还制定出基本的规则。

·不能单独前往马利亚之丘

·去马利亚之丘之前必须报告老师

·从马利亚之丘回来后必须报告老师

下午 3 点半的点心时间过后，幼儿园会举行"告别集会"。之前制定好的规则会在这时公布，成为大家共同的约定。之后，附有约定的地图就会一直贴在房间里。

当然，在我们平日的育儿过程中，会彻底消除可能会引发重大事故的因素。

不放置可能会引发误食的物品（卡住孩子喉咙的小东西、电池、纽扣等等）。因为别的幼儿园曾经发生过合页门夹掉手指的事故，所以幼儿园里所有的门都换成了推拉门（只有一个地方还是平开门，但为了避免夹住手指，特地留了一个缝隙）。秋千坐的部分也换成了塑料材质的，防止万一碰上磕破头。

这样"万无一失"的安全是保护。但是，我们也在努力做到不因事无巨细而剥夺孩子学习的机会。

坦率地说，对幼儿老师而言，"禁止一切"要轻松得多。

但是，这也不行，那也不行，孩子们就会觉得无聊。

关于安全，思考如何才能兼顾"保护和成长"是一件愉悦的事情。父母在家里，请务必也试着这样思考一下。

盘子掉在地上就会摔碎

即使危险、麻烦，也要尝试让孩子去体验

危险，好脏，都坏了……

我们身边有太多东西你不想让孩子触碰。对于这些物品，孩子们往往更充满好奇心，想要一探究竟。放在他够不着的地方，哄骗、禁止……想必妈妈们肯定没少费脑筋。

然而，在我们幼儿园，老师们努力地隐藏"一点儿都不想让孩子碰"的想法。对于我们的这种态度，来幼儿园参观学习的人也会感到意外。

比如，在 0 岁和 1 岁孩子的餐桌上摆放着鲜花。

"在这种地方放花瓶安全吗？孩子不会打翻吗？"

当然，刚入园的孩子会从花瓶里抽出花朵，或者推翻花瓶……"因为花很漂亮，所以才要摆在这儿的哦！""如果花瓶倒了，就会把周边弄湿，是不是很凉？"老师会一边说一边收拾。

渐渐地，孩子们就会认识到"花是要插在花瓶里的""花瓶倒了就会把地弄湿一片，老师收拾起来也很辛苦"，于是就不会再去挪动它了。这可是千真万确的事实哦。

另外让来访者感到诧异的是，我们允许孩子做的事情有很多。

看到幼儿园内所有年龄段的孩子都可以骑着四轮车从喜欢的混凝土斜坡上快速冲下去，他们会说："太危险了，怎么能允许他们这样玩？"

攀登架和秋千已慢慢从日本的幼儿园里消失，所以孩子们习以为常地玩这些，让来访者瞠目结舌，难以置信。

来访者还会经常提到陶瓷餐具："处理起来很麻

烦吧?"

我每次都会回答:"这会成为孩子们的经历,因为他们会认真地思考。"选用陶瓷盘子,一方面想让他们接触真正的实物,一方面想让他们知道"掉在地上就会摔碎"。

我希望他们自己思考"下次可得注意了""怎样才能不把它摔了",然后尽情去尝试。只是一味地隐藏不想让他们触碰的东西,也就没有思考、练习的机会了。

此外,我们想把园舍打造成孩子们"白天的家"(因为对孩子而言,没有比家更自在的地方),所以我们会铺上榻榻米,糊上拉窗。但不会因为是小孩子,而特意加固。

所以,刚入园不久的孩子会觉得拉窗有趣,用手指戳出一个个洞。这时,老师就会和孩子们一起重新糊拉窗。

孩子经历过这样的事情后,就会学到"我弄破的拉窗,老师还要修补。用手指在拉窗上戳破是不好的,以后不戳了",其他孩子也会说"看,老师多辛苦啊,可不能再这样了"。

只是一味地强调"这也不行，那也不许"，孩子不会有任何经历。

没有经历，就无法思考。

不思考，孩子就不会成长。

所以，我会绞尽脑汁地想"如何才能做到让孩子更好地体验"。

"那是什么？"

"这样做怎么样？"

"啊，失败了！"

"下次这么做！"

我一直想要尽可能地激发和培养孩子们的这种好奇心和兴趣。

第 2 章

希望家长恪守的
沟通交流法则

即使孩子撒谎，也请不要过度训斥，

更不要穷追不舍，给孩子留一条退路。

咬人是孩子茁壮成长的证明

积 极 对 待 孩 子 的 " 问 题 "

孩子不会一直停留在什么都不会的婴儿期。原本只会睡觉、啼哭、吃奶的小不点儿，开始"匍匐前进"，顺利爬行，抓扶站立，行走，探索世界；

会笑、会说话，进而可以深入交流；

手指变得灵巧，自己的事可以自己做，逐渐走向自立。等我们回过神来，才发觉孩子已经长大到很少要抱抱了。这样看来，人真是了不起。

孩子从婴儿开始展现出难以置信的成长趋势，迅速长大成人。每当感受到孩子们的成长，作为老师，我也能收获极大的幸福感。然而，爸爸妈妈们面临的可不仅仅是孩子这种"快乐成长"。

任性、淘气、打架、顶嘴、反抗、撒谎……孩子也会给家长带来许多"麻烦"。

"明明昨天还不那样呢"，很多时候孩子们的变化发生得极其突然。生气、失望、苦恼、担心……孩子长大成人，父母们真是操碎了心。我照看过 2800 多个孩子，想对这些家长说：**"首先请试着积极看待孩子们令人困惑的行为。"**

举个例子，1 岁的小孩有时会对着小伙伴猛咬一口。不，与其说"有时"，不如说是他们这个群体中的"例行活动"。

真是拿小孩子没办法。所以，我总是会在入园典礼上提前道歉："非常抱歉，我们会非常留意，但还是会发生咬人或者被咬的事情。"

当孩子不能很好地表达自己的感情，或者还不能熟练运用语言传达自己心情时，他们会咬人。特别是因为相互争夺玩具等情况，很容易发生这种事情。当然，我不会一句"没办法"就结束这件事。我会好好跟他们讲该怎么做，而不是去咬人。

咬人的孩子的妈妈有时还会很担心。她们会想：我们家孩子是不是有暴力倾向？具有攻击性？担心自己的孩子成为加害者的那种恐慌感，我能够理解。

但是，"咬人"也是孩子茁壮成长的证明。

因此，放轻松，"哎呀，孩子有自己的想法了"，像这样欣然接受就好。因为"不想被夺走玩具"的心情，正是由于孩子成长才萌生的想法。

孩子的"麻烦"是成长的轨迹。

没有牙齿的婴儿不会张口咬人。

走路不稳的孩子也不会动手打人。

连话都不会说的 1 岁小孩自然不会撒谎。

是这样的吧。

因此，如果孩子惹出"麻烦"，首先要想着"啊，**孩子会做这样的事了呀**"，并为此感到开心。

我一直认为"这不挺好吗"的乐观情绪，对于坚强

快乐地生活来说至关重要。我也希望孩子们能够豁达地去想"这不挺好吗"。

因此，爸爸妈妈们如果也面临"麻烦"的话，请试着想"这不挺好吗"。然后，满怀兴致地期待一下，下次孩子会搞出什么名堂来呢。

即使"麻烦"更严重了，事态也不会有太大的变化。

我们不如索性以积极的心态养育孩子！

不是命令，而是请求

孩子和大人是平等的，不要以居高临下的态度命令孩子

"喂，时间到了，收拾一下！"

在我们幼儿园，完全听不到这样的话。因为"收拾一下"应该算是命令吧。成人不想做的事情，也不要命令孩子做。

阿德勒心理学的观点认为，孩子具备独立的人格。只是身体小，由于经验不足、能力不够，不会做的事有很多，但绝不是比大人低一等。因此，应该平等地与孩子对话。

比如，你想让孩子做什么时，用"可以……吗？"

"……的话，我会很高兴"。不是命令，而是请求。

我认为这与在工作中拜托他人时的说话方式大同小异。

要给对方留有思考"做"与"不做"以及选择"不做"的余地。这十分关键。

在我们幼儿园，无论哪位老师，大家都理所当然地对孩子们说"可以借我喷壶用用吗？""可以换件衣服吗？"。

"我家是个淘气包，这样温柔地跟他讲，他能好好听我的话吗？"

或许你会这样认为，但别贸然下结论，决定听与不听的是孩子本人。因为说到底你是在"请求"。

因为这样的原因，幼儿园里也没有值日生。所谓的"值日"，可以说是一种"强制"或"命令"。因此，诸如午餐分发员、动物管理员、房间清洁员等等，一概没有。但我们却从未因此而发愁。

那么，我们是怎样做的呢？每当有什么"工作"时，老师就会询问"有谁可以帮帮我吗？"。这时一定会有人充满活力地举起手，大声应答"我来做！"。不感兴趣的孩子会继续默默做自己想做的事情。

在大人看来，这些是工作，但在孩子看来是一种游戏。而且，孩子们非常乐意接受来自别人的"谢谢"。但是，有一个值日生是由我们来指定的。那是因为"我想做""我来做"的声音太多，而让人无法控制的"橙子值日生"。这里的"橙子"并非水果，而是2岁孩子的班级名称。

我们幼儿园实行的是3~5岁的孩子在一起，纵向分班教育。

3岁的孩子看着哥哥姐姐们，向他们学习、成长。

4岁的孩子认真做自己的事情。

5岁的孩子要照顾比自己小的孩子。

5岁的孩子们非常可靠。即使老师什么都不说，他们也会教给新入园的3岁孩子一些思考方法、游戏、同朋友交流的技巧，甚至阅读图鉴的方法。大家都模仿着5岁的孩子渐渐成长，所以老师们每年都会异口同声地说："没有什么我们要做的了。"

　　未加入纵向分班的 2 岁孩子（橙组）在另外的房屋生活，每年一月到二月，为了让临近幼儿园毕业的 5 岁孩子和他们认识熟悉，会安排时间让 5 岁的孩子过去帮忙。

　　这时也会同往常一样，问一句"有没有谁可以去橙组帮帮忙？"，所有人都会举起手，高喊"我！""我！"，毫不夸张，因为大家都非常想照顾小孩子。

　　因为每次大家都会举手，所以就没有了问"有没有谁……"的意义。于是和孩子们沟通决定，"橙子值日生"按照姓名排序依次值日。

　　无论老师和孩子，还是家长和孩子，都是平等的关系。命令、强迫，不听就发怒，这完全是不合理的做法。站在孩子的角度上考虑，是不是会觉得："啊，大人怎么这么专横！"

　　如果是自己会发出"啊"这样感叹的事情，还是不做为好。

不评价"好孩子""真棒"

不 要 对 孩 子 使 用 评 价 性 语 言

利索地换好衣服，主动收拾整理，拼搭复杂的电动火车……

当孩子做出这样的"良好行为"时，我们是不是会表扬"真棒""真是好孩子"。正如"夸奖式育儿"的由来一样，大家都认为父母夸奖孩子是理所当然的。

然而这样的话语，实际上是在评价孩子。

"评价"是地位高的人对地位低的人做出的判断。

虽然我已年过90，但还是从心里认为和3岁的孩

子是平等的。正如阿德勒所言，人与人之间不存在上下
关系。

**因此，不要对孩子使用评价性语言，而是真诚地表
达自己的感情。**

例如，当孩子把玩具让给了朋友，可以这样说：
"你能够体贴朋友，老师非常高兴。"

消极的语言也是如此，如果孩子不小心把饭撒在地
板上，"啊！弄撒了食堂阿姨辛辛苦苦做的饭，老师好
难过啊！"以这样的方式来传达自己的心情。

"别再任性了！真是个没用的孩子！"之类的"评
价"语言是绝不会说的。

其实试着去做才会真正感受到，"不夸奖"（比"不
批评"）要难得多。稍微不留神，"真棒""做得很好"
这样的夸奖语言就会脱口而出。

而且，被夸奖的孩子会很开心，还会继续"好的行
为"。因此，以前的我也会想"夸奖有什么不好吗？"。

但是，了解到夸奖孩子其实隐藏着巨大的陷阱后，

我努力改变了之前的认知。

所谓的陷阱，就是"被夸奖"成为孩子们行为的目的。

如果总是夸奖积极主动打扫房间的孩子，"真是好孩子"，那么偶尔不夸奖的时候，他们便会自己来寻求"夸奖"，"老师，明天我会是好孩子吗？"

这样的孩子，看到走廊里有垃圾时，会根据附近是否有人（会夸奖自己的人）来决定将垃圾捡起来还是置之不理。

他们会因父母的评价或喜或忧，甚至为了"夸奖"在考试中作弊。

在选择未来的道路和工作时，比起自己的兴趣和热情，这样的孩子会优先考虑自己是否会得到周围人的认可与赞美。

换言之，就是一味追求别人的评价而去行动。

在某种意义上，是过上了不自由的人生。

仍以打扫房间为例，换作是我，会说"打扫得这么干净，老师很开心"。然后在大家聚在一起的"告别集会"上，当着所有人的面说"因为美叶为我们打扫，大家的房间才会变得如此干净"，以此来告诉大家美叶的贡献。

大人应该说**"谢谢你的贡献，帮了我大忙"，而不是说"太棒了""好孩子"**……

这么一说，孩子们自然会表示感谢："美叶，谢谢你！"

阿德勒心理学旨在让人们拥有"自己是参与全体社会中的一员"这种认知，并思考自己能做些什么。

"给别人带去快乐，帮助别人，好开心！"

我希望向孩子传达感谢之情，而并非褒奖，让孩子们感受到贡献的快乐。

对孩子也必须守约

如果说了"等一下"，请一定要遵守约定

孩子们的"想做"是最重要的。专心投入的时间会让孩子成长很多。

这是我们幼儿园一直以来非常重视的基本理念。孩子们想做的事情，我们会尽力满足。

但是，我养育了三个儿子，所以深知在家里，根本无法做到时刻满足孩子"想做"的要求。家长们还有工作，有各种不方便。忙忙碌碌，每天要做的事情堆积如山！如果总是尊重孩子的情绪，生活就会变得一团糟了吧。

例如，正在准备晚饭时，孩子突然说："我想去公园玩！"结果肯定是：不行，不行。不管我们再怎么强调培养孩子"想做"的热情，也没有必要成为孩子的"奴隶"。

这时要讲明不能去的理由，并做好"下次的约定"来平复孩子的心情。

"一会儿爸爸下班回来肚子肯定饿瘪了，妈妈想做好饭等他回来。我们明天早晨去公园，好不好？"

重要的是，**一定要遵守此时提出的约定。**

有三兄弟，因为搬家的缘故在同一时间一起进入幼儿园。因为妈妈忙，平时都是奶奶照顾三个孩子。这倒也不罕见，但在入园后不久，老师就来找我咨询了。因为最年长的孩子，每次一听到老师说"稍等一下"，就会勃然大怒。

怎么回事呢？我慢慢询问孩子，发现了缘由。因为每次奶奶说完"等一下"，就没有下文了。无论孩子怎样翘首期盼，"想做"的热情都不会得到满足。

原本"等一下"是"稍后"的意思，也就是"你的愿望我稍后帮你实现"这样的约定。

"妈妈，抱抱……"

"现在妈妈正在炸着东西呢，稍等一下啊。"

这样的对话，意味着妈妈结束厨房工作后就会抱抱孩子。这才是遵守交换的约定。

但是三兄弟无论怎样等待，都等不到约定实现的那一天。年事已高还要照顾三个孙子，奶奶的辛苦程度可想而知，所以就会用"等一下"搪塞过去。

可是，结果呢，对孩子而言"等一下"的意义，已经等同于"不行""放弃吧"，甚至可以说是他们的期待被辜负的记忆。

阿德勒说，大人与孩子是平等的关系。

大人之间是不是也要遵守约定？既然如此，那对孩子也必须守约。

没有什么事情可以因为对方是孩子而轻易爽约。后来，误解消除，此后三兄弟健康快乐地成长着。

父母能做到的，尽可能去满足孩子。但无须成为孩子的奴隶。做不到的，要讲明理由。然后，如果做了约定，请务必遵守。这样，父母就会得到孩子的信任。

理解孩子，他的情绪就会平静下来

不管发生什么，首先要和孩子产生情感共鸣

　　无法正确地管理自己的情绪，无法找到合适的语言来表达时，孩子焦急烦躁，放声大哭或大发脾气。很可爱是不是？

　　这时，**比起解决问题，首先要说出孩子的感受**。感同身受，然后询问他："你现在是这样一种情绪，对不对？"

　　想要小伙伴正在玩的玩具而哇哇大哭时，你可以说："想要玩具对不对，想玩玩具是吧？"

　　当孩子无法得心应手地换好衣服而哭泣时，可以说："我知道，你想自己换好衣服对不对，有些不甘心是不是？"

对于恶作剧，或者其他不想让孩子做的事情，同样也是如此。"哦，你想……对不对，但是……"，先对孩子予以理解，再继续说你想传达的语言。

这个人能理解自己的心情——只要这么想，孩子们就会安心，稍微平静下来。被认同、被理解的经历，如同瞬间在孩子内心点燃一盏灯，在内心深处留下些许温暖。

1岁的小雄，吃午饭的时候总是故意把茶弄洒。

这天他又弄洒了几次，每一次老师都把桌子擦干净。

但是不知是第几次时，老师无意中看了一眼，竟发现桌子上的茶水形状看起来像一头大象。

"哟，一头大象！"经老师这么一说，小雄开心地笑了："嗯，是大象！"然后第一次自己将洒了的茶水擦拭干净。之后，小雄再也没有故意弄洒过茶。

　　小雄通过试探大人的反应，得到了与之前不同的反应而心满意足了，还是仅仅因为玩腻了？我想是不是因为小雄每次都弄洒茶是一件趣事，大人（尽管是偶然）接受并产生共鸣，使他的内心得到了满足呢。

　　真相我们不得而知，但正因为不知道，才更有意思。有一点可以肯定，那就是如果不由分说地训斥，小雄肯定不会露出笑脸。

为什么孩子要采取这种行动

孩 子 的 行 动 ， 都 有 目 的

　　弟弟妹妹一出生，大孩子的情绪就会变得不稳定。这是常有的事。

　　之所以如此不安，是因为他们认为"妈妈的爱被夺走了"。

　　刚出生的婴儿娇小、纤弱，妈妈一直守护在他们身旁是理所当然的事。

　　曾独占父母的爱，如今却成为"大孩子"，即使在幼儿园里，他们也会表现出焦躁不安。我经常为此和妈妈们谈心。

很多孩子都是"之前会做的事情突然变得不会了"。明明能够自己独立好好吃饭，却站起来来回走动，掉饭剩饭……

原因很明显，他们想要通过"问题行为"，来吸引只照看婴儿的妈妈的关注。

"喂，小宏，好好吃饭！"

"看着点儿，别把饭弄撒！"

就这样，小宏高兴了，"啊，妈妈终于关注我了！"

然后，多次试探，学习。

"吃饭的时候到处走动，妈妈就会关心我。"

形成了这样的思维后，他们就会不断重复"问题行为"。本来就非常辛苦，孩子还各种捣乱，妈妈们就会心烦意乱、坐立不安……

但是训斥解决不了问题。

阿德勒说，孩子看上去反复无常、荒唐古怪、放纵任性的行为里，全部都有明确的目的。

尤其是问题行为中，必然有其目的。

所以在**训斥孩子之前，先要发现其目的——为什么要采取这种行动**。最近有什么变化，被训斥时是什么表情，这种行为会带来什么结果，这些都是需要思考的。

于是你就会发现原来是"希望妈妈关爱我，好想跟妈妈撒撒娇！"。

知道了孩子的目的，就会选择用其他方法来满足孩子。

具体来说，就是要关注他平时的行为和"好的行为"。"即使不做'坏事'，妈妈也会关爱我"，当孩子意识到这点后，为了引起关注的不好行为就会迅速减少。

"但是老师，现在真的是光干坏事……"

也有妈妈一脸疲惫地这样向我诉说。那就请看看那些孩子理所当然应该做到的事情。

吃饭，换衣服，打招呼，整理玩具，轻抚妹妹……

看，之前那个什么都不会的小孩儿，是不是现在也可以做很多事情了？而且，每天早晨元气满满地起床，仅仅这点就值得让人高兴。孩子肯定不会光干"坏事"。

并且你还要把高兴的心情，用语言表达出来，也就是让孩子知道：我在认真地关注着你呢！

"小宏，你吃了妈妈做的蛋包饭，妈妈好开心！"

"啊，看来睡得不错哦，看到小宏的笑脸，妈妈真高兴！"

还有，在不太忙碌时，记得把孩子抱在膝盖上，告诉他"妈妈很爱你"。这样孩子想要引起关注的错误行为，很快就会消失。

有个孩子曾写下这样一首美好的诗：

"弟弟睡着了，

"妈妈抱起我，说

"妈妈读书给你听。

"于是我爱上了《小黑孩桑巴》。"

当孩子的行为不符合常识时

不 要 以 大 人 理 所 当 然 的 看 法 训 斥 孩 子

我刚刚讲过所谓的"问题行为"都有目的，但是也有过一个小插曲……确切地说，是我内心难以忘怀的一段非常久远的失败经历。

在很早以前，有个叫真纪的女孩，她活力四射。但每次跟她说话时，总是"嗯"的一声，便置若罔闻。每天如此，每次叫她名字时，她都会突然背过脸去。

于是，当时还不成熟的我变得较真起来，"必须改正"。每次和真纪讲话，我都会提醒她：

"真纪，看着老师。"

"注视讲话的人是基本礼仪哟，不要把头扭向一边。"

可即使这样，真纪却丝毫没有改变，于是我更拼命地纠正她。

但是有一天，负责照看的老师偶然注意到：

"大川老师，真纪可能右耳听力不好。"

什么！我十分惊讶但又恍然大悟，同时感到无比愧疚。

真纪是想好好"听老师的话"，所以才会用听得清楚的左耳面向我，结果脸就会扭向一边。

而我却被"交流时要看着对方的眼睛"这种大人的常识所束缚，不问缘由，只是训斥她。

在人生中大人不断地掌握理念、常识和规则，并且这些观念越发牢固。所以，我现在有 90 多年积攒下来的"理所当然"。

孩子们出现不符合这些"理所当然"和常识的行为（或者问题行为），大人无意中可能就会不由分说地想要去纠正他。

但是，孩子有各种各样的"目的"，他们只是按照自己的意图在行动。

"这个孩子，是以什么样的心情在做这样的事情呢？"

"孩子这个行动里，暗含着什么意图呢？"

请认真仔细地观察，关注孩子的一举一动。

"啊，原来是这样啊！"像这样，你会收获很多意外的发现。

"你不行"是孩子内心深处
永远的烙印

无意中说的 "你不行"，会挫伤孩子的积极性

孩子精力充沛、干劲十足是最重要的。所以作为幼儿老师的我，一直注意不要因自己无意的言语或态度挫伤孩子们的积极性。

比如，"你不行"这句话，在孩子面前直接说出这句话的母亲应该微乎其微。但是像"你不擅长这个啊""不太适合你"这类的话，你有没有说过呢？无意中随口而出的话语，对孩子来说也是一种"你不行"的否定。

对于从最爱的妈妈那里接收到"你不行"的信息，孩子深信不疑。并且会铭刻在心，大大挫伤他的干劲，让他失去积极性。

事实上，我就是个例子。

我的母亲画画非常好，而我在美术方面却一窍不通。一开始我自己倒不怎么在意，但在小学参观日后，母亲却对我说：

"听你说的还以为你画的肯定是绝美的画作呢，实际上不是啊。五音不全的人叫作'音痴'，你就是'画痴'啦。"

我听完后，像泄了气的皮球。想必母亲是半开玩笑地随口一说。但是，"画画不好"这件事却成了我内心深处永恒的烙印。

所以，自从那件事后至今，虽然已经时隔 80 多年，我依然对画画、折纸、制作等这类事情不感兴趣。

因为被父母否定自身能力的孩子，很难再次喜欢上那件事。

　　请注意不要让自己漫不经心的言语挫伤孩子的信心。正因为我自身有过类似的经历，所以希望家长们不要向孩子传递"你不行"的信号。

　　因为即使父母忘记了，孩子永远不会忘记。

肯定孩子正确的行为

当孩子遭遇不合情理的情况，告诉孩子他的优秀之处

　　小高从我们幼儿园毕业，刚刚升入小学后，他的妈妈有一天给我打来电话："老师，小高在学校里发生了一件事……"

　　因为课堂上需要用到报纸，所以老师要求每人带3张旧报纸。小高想着或许有小朋友会忘记带，就带了10张。果然有小朋友忘带了，小高便将报纸分给了他。但老师却训斥道："忘记带的孩子就需要接受'自己没有'这样的惩罚，小高不要多管闲事！"

　　妈妈打电话来想听听我的想法。

确实，惩罚这种方式，在幼儿园里是没有的。很明显，小高乐于奉献、乐于助人，所以妈妈的迷茫和纠结可想而知。

但我还是回答："如果老师认为'需要惩罚'的话，那也只能遵从。"因为幼儿园和学校不同，老师也有自己的考虑。

"但是，您一定要这样告诉小高，'你的善良体贴，妈妈非常欣赏'。"我这样说完，小高妈妈似乎明白了，挂了电话。像小高这样，孩子在成长过程中肯定也会碰到一些荒谬、不合情理的事情，因而迷茫、不知所措。看到他们愤怒、失落、郁闷的样子，家长内心也很痛苦。

这时，家长需要告诉他们"妈妈非常喜欢你……的地方"。**或许你的举止不太适合那个场合，但却展现出你出色的地方，这点妈妈真的非常喜欢。**

"我最爱的妈妈喜欢就好"，于是孩子就可以释然并接受了。

"我就保持我的样子就可以了"，获得这样的安心感，孩子就不会失去可爱的优点了。

我想小高现在一定成长为一个善良体贴的大人。

父母必须获得孩子的信赖

对于无法信赖的大人，孩子不会吐露心声

关于小高，我还有一件印象深刻的事情。

因为小高在小学里喊个子不高的同学"小矮子"，小高妈妈接到了老师打来的电话，要求向对方监护人道歉。

妈妈立即向从学校回来的小高确认："是不是说朋友小矮子了？"

"说了啊。"

"为什么要那么说呢？"

"因为他对我说'喂，大块头'，所以我回他'什么事？小矮子'。"

"哎呀，原来是这么回事啊。那你没有跟老师讲吗？"

"就算我说了，老师也根本不会听。"

小高妈妈说这时她想起了在幼儿园时，我给所有监护人讲过的一个故事。

大约在 30 年前，小俣幼儿生活园里有一位特别受孩子们喜爱的后勤叔叔。

一天这个叔叔跟我汇报，"大川老师，园舍后面刚种的树被拔了。"哎呀，是谁拔的呢，我这样想着又重新把树种上。可是第二天去看，树又被拔了。

到了第三天，"今天也被拔了，但是隔壁的阿姨正好看见，说是小周拔的。"

于是，后勤大叔就去问小周了。

"为什么要拔树呢？"

"没有，我没有拔树哦。"

"是吗，那你是干什么了呢？"

"我是在找蝉的幼虫，我拼命地挖土，树就倒了。"

这样啊，原来小周没想要拔树。

"……是这么回事，大川老师。所以我告诉小周了，这棵树会开出美丽的黄色花朵，不要再把它弄倒了哟。"

我不禁赞叹道："大叔，你处理得太好了！"

没有劈头盖脸地一顿训斥，也没有愤怒地提高嗓门说"别找借口""不许撒谎"，而是耐心认真地询问孩子的想法。

通常，大人如果抓住"犯罪现场"，会把它作为证据进行说教，让孩子道歉。

但是，后勤大叔却耐心地引导，询问出孩子的目的。

小周也明白了这件事情不能做。所以我很感动，怪不得大叔深受孩子们的喜爱和敬仰呢。

我把这件事讲给园长听，园长听后是这样说的：

"大叔的应对策略非常出色，但小周跟大叔吐露心声才是最令人高兴的。因为知道对方会倾听，先有了这种信赖关系，所以才会说出来。"

确实如此。

反正这个人也不会听我说，一旦这么想，孩子就会缄默不语，或者撒谎。所以，父母必须获得孩子的信赖。

小高妈妈说她想起了这件事，感叹道："对于不信赖的大人，孩子真的是闭口不言啊。"

孩子会仔细地观察大人，判断对方是不是值得信赖的人。

无意中小瞧孩子的大人，不懂得倾听的大人，暴跳如雷的大人，很遗憾都不会被孩子信赖。

这个人会平等地看待自己，倾听自己。确定这点后，孩子才会把自己真正的感受告诉他。

孩子，可是相当严格的哦。

想说的时候再告诉我

孩 子 不 想 说 时 ， 不 要 强 迫 他

有位妈妈给孩子洗澡时，发现孩子后背有被咬的痕迹。

"是谁咬的？"妈妈不停地询问，孩子就是不回答。最后撒了个一眼就被识破的谎言"我自己咬的"。

"不要撒谎了！你自己怎么能咬到？快说，谁咬的你？"

妈妈生气地追问。于是这个孩子在犹豫迟疑片刻后，回答说"塔奇咬的"。塔奇是园里有名的"小恶霸"。妈妈对塔奇也有所耳闻："啊，被塔奇咬的啊。是不是很疼，真让人心疼。"

于是，这位妈妈给园里的负责老师写了封信：

"听说发生了这样的问题，还请您多多留意。"

但是，老师看完这封信非常困惑，因为前一天塔奇根本没来幼儿园。那么，这个孩子为什么要撒谎呢？

原来是因为他先攻击别人，对方反击才咬了他。

如果对方挨批评，自己的"恶行"就会败露了，自然会遭到一顿训斥。

不想说的事情，一再被追问，孩子就会用谎言来回应。所以，对于孩子不想说的事情，或是含糊其辞、支吾搪塞的事情，我不会强迫他们开口。

"一定是有什么事儿，对不对？想说的时候再告诉我吧。"像这样，把事情暂且搁置。

顺便说一下"塔奇事件"的后续，最终我们并没有告诉妈妈塔奇前一天休息的事情，只是向这位妈妈道歉："今后我们会注意的。"因为可以想象，如果告诉了妈妈真相，孩子肯定会被骂："真是的，丢死人了！"想到这样的后果，所以无论如何都不能告诉妈妈"这个孩子在撒谎哟"。

与孩子相处，不需要警察和法院

要给孩子留退路，不要穷追不舍地追问

有时，让孩子的谎言"随风而去"也很重要。

明知道孩子在撒谎，很多时候我还是会选择被骗。

在幼儿园下午 3 点半的点心时间过后，有一个"告别集会"。这是一天中唯一孩子们聚集在一起的重要时间。这个集会由负责老师或 5 岁孩子来讲述这一天中的开心事、麻烦事，以及宣读各项通知。

有一天，我在"告别集会"上询问：

"今天，小百合的鞋丢了一只，有没有谁看到？"

　　话音刚落，小达就喊着"我去帮忙找找"，就消失在庭园里。转眼间他已经一只手提着鞋回来了——"找到啦！"

　　是的，鞋子就是小达藏的。老师们也都知道。

　　但是，我还是说"小达，谢谢你帮忙把鞋找回来"，然后将鞋递给小百合。这件事情也就结束了。

　　小达因为感到内疚了，所以才会喊着"我去找"并快速飞奔出去，心里一直惦念着要把鞋子还给小百合。这说明他已经在深刻反省了。

　　所以，这时在大家面前指责他"是你干的对不对？""给小百合道歉！"并不是好的教育方式。如果孩子被这样"围攻"，下次做错事的时候，就不会再说了。

　　与孩子相处，不需要警察和法院。"顶多是个红十字会。"园长总是这样说。

　　孩子是爱撒谎的。为了保护自己，撒谎是常有的事。

　　所以，即使孩子撒谎，也请不要过度训斥，更不要

穷追不舍，给孩子留一条退路。如果孩子经常被父母逼问，他就会变得更爱撒谎。即便我们大人，是不是也想隐藏我们不经意犯的小过失？

所以，父母必须有选择被骗的勇气和度量。

不要把孩子当作孩子看待。

要像与工作对象、合作伙伴等大人相处一样，平等地对待孩子。

认可并努力去了解孩子的人格。

只要保持这种态度，与孩子的沟通交流就会顺畅地进行。

首先，让我们成为值得被信赖的大人吧！

第 3 章

在孩子幼儿时期
构筑幸福的三角形

支撑我们人生最重要的根基就是"情绪的发展与稳定"。

培养亲密的亲子关系，

让孩子有"我很重要"这种切实的感受。

获得幸福生活的能力远比"成绩好"更重要

孩子不可或缺的"看不见的成长"

我在给家长写的"马利亚之丘信件",妈妈们每月一次自愿参加的集会,以及我受邀参加的育儿讲座……不管什么场合,我首先一定会提到的就是孩子的发展阶段。

简单来说,就是孩子是怎样成长发育的?

对我来说,这个话题是最基本、最重要的,我都不知自己讲了几百遍。但是,我切身感受到,很多妈妈(当然爸爸们也是)竟然几乎不了解孩子是如何成长的。

基于此，在这里我想谈谈孩子的成长和发育。婴儿是如何成长为儿童，然后迅速变得自立的呢？

换言之，就是讲讲"育儿"这场旅行中的行程。

提到"孩子的成长"，头脑中最先浮现的是"看得见的成长"。头可以立起来了，会走路了，开口说话了，不再用尿不湿了，会骑自行车了，认字了……这些都是家长容易感受到的孩子的成长。

当然，这些都是非常重要的成长过程，但我们常常忽略那些"看不见的成长"。

一言以蔽之，就是心灵的成长。

比如，认为自己很重要、有价值的能力（也就是常说的自我肯定感），认为"自己可以"的能力，坚持到底的能力，以及自律的能力。

还有感恩的能力，与身边人团结协作的能力，体察别人心情的能力。

这些能力，都不是肉眼可见的，也不能具体评分，更无法切实体会到"跟昨天相比，今天明显有了坚持到底的能力"。

然而，这些却是人类获得幸福生活不可或缺的能力，远比"成绩好"更重要。在育儿过程中，我一直努力让孩子们掌握这些能力。

"看不见的成长"，也就是近年来提倡的"非认知能力"。

现在国力教育政策研究所等机构也在进行有关非认知能力的研究，近些年我在相关的育儿研修学习会上也经常听到这个词。他们都不约而同地指出，"非认知能力是孩子强大内心的根基，要好好培养"。这不正是我几十年前就想让孩子们掌握的能力吗？

实际上，我以"如何让孩子自立"为主题跟父母们谈心时，会运用到以下的三角形模型。

这是我根据育儿杂志《保育之友》中一直连载的"育儿之神"村田保太郎的话，按照自己的理解整理而成的。你看，每一项是不是都是孩子"看不见的成长"？

这个能力三角形，是按自下而上的顺序发展的。如果倒三角的话，孩子的成长就不稳定。

另外，没有"到了几岁就该进入下一阶段"这样的年龄标准。

按照孩子自身的成长步伐，一步步积累。如果下面的根基不牢固，不管怎样开展高等教育，上面也是摇摇晃晃，不稳固。

接下来，结合这个三角形，我们来看一下孩子的"成长过程"。

❹

知识习得

❸

社会性发展

❷

自主性发展

❶

情绪的发展与稳定

成长三角形

抱、抱、抱！传达心灵的爱意

人 生 最 重 要 的 是 情 绪 的 发 展 与 稳 定

　　首先，支撑我们人生最重要的根基就是"情绪的发展与稳定"。

　　简单来说，就是要培养亲密的亲子关系和信赖感，比如，"我很重要"这种切实的感受，"我很爱爸爸妈妈"的这种心情。

　　众所周知，人类在出生后几个月内，无法独立完成任何事情。不像马、长颈鹿等动物一出生就能站起来保护自己，人类婴儿连翻身都做不到，所以婴儿十分弱小。如果在野外自然生长，恐怕很难生存。

人类的父母必须守护这个弱小的生命。尽管睡眠不足、全身乏力，还是要回应孩子唯一的表达"哭"（"哭"是婴儿为了生存嵌入 DNA 里的作战策略），同时使孩子的情绪得到发展。

父母该如何做好呢？没有必要把这个问题想得太复杂。

总之，就是抱、抱、抱！

孩子哭了要抱抱，当孩子想要抱抱时，即使没什么事也要抱抱他。

现在的妈妈们都博学多识，并且努力地学习育儿知识。

比如，当孩子哭泣时，有的妈妈会想：

"是不是肚子饿了？可是刚喂完奶才一个小时……"

"纸尿裤该换了？但是最近的纸尿裤吸收性能好，尿个四五次都不会渗漏的啊。"

像这样选择置之不理的妈妈已经很少了，但仍有妈妈认为"不要养成抱宝宝的习惯"，因而放任孩子哭泣。

如果持续这样做，孩子的大脑就会形成"即使哭泣也没人帮我啊"的认知。

他们不放弃，再一次哭泣寻求帮助，再一次被家人置之不理，就会加深孩子"果然没人来"的感受。反复经历几次"即使哭也没有人守护自己"后，他们便放弃了。

对父母来说，孩子肯定是独一无二、特别的存在。

但对孩子来说并非如此。一开始，他们并没有认为父母是特别的存在。

每当遇到不开心的事情，哇哇大哭时，总是听到同一个温柔的声音说"怎么了，好啦好啦"，然后抱起自己；看到那个人微笑地凝视着一躺在他手臂上就安静下来的自己；喂自己食物，帮自己换尿布，轻轻地摇晃安抚自己……

孩子会感觉温暖、安心。他很喜欢这个总是来帮助自己的人的声音、面孔、气味……

渐渐地，孩子大脑的神经细胞形成连接，父母成为对孩子而言特别的存在。

一种是大脑学习这种温暖的爱，一种是大脑学习"没有人来""哭也没用"。通过这样的对比，显然后者是错误的教育方式。

近年来的研究表明，1 岁前的教育方式至关重要。那是因为，在婴儿时期更容易培养孩子情绪的发展与稳定。

不管怎样，**多抱抱孩子，注视孩子，跟他说话，轻柔地爱抚他**。多与孩子进行积极的互动，尽可能采取亲肤育儿法（通过肌肤接触传达心灵的爱意）。

家长们可能会说，既然孩子情绪的发展与稳定至关重要，仅仅这样做就足够了吗？

有不少妈妈会说："这些事情，本来就是理所当然地在做啊。"

如果确实如此，对于 1 岁前的孩子来说，你的育儿方式就是 100 分。作为育儿的起步，做到这些已经足够了。

因为在不断重复抱的过程中，亲子关系不知不觉得到增强，孩子的情绪也能稳定地发展。

由于产后身心失调，引起母亲神经衰弱，或是各种情况应接不暇，有的妈妈可能会担心"身体接触貌似有些少了"。她们会在心里思虑："可能没有为孩子打好基础。""孩子情绪的发展，会顺利进行吗？""孩子长大后会不会没有自信呢？"

如果是这种情况，现在补救还来得及。

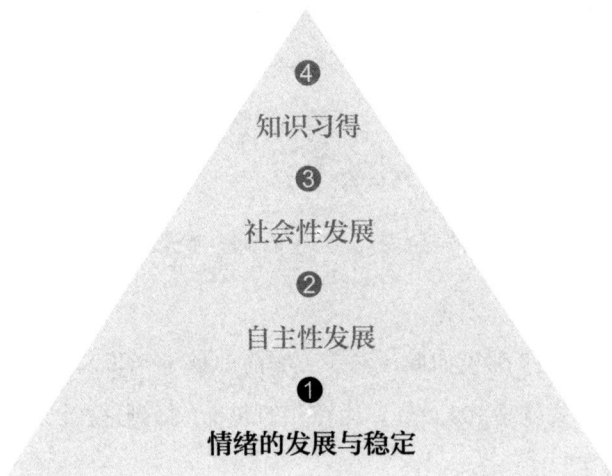

❹

知识习得

❸

社会性发展

❷

自主性发展

❶

情绪的发展与稳定

成长三角形

不管孩子是 3 岁还是 5 岁，你都可以从今天开始为他积累！虽说"1 岁之前至关重要"，但孩子的人生还很长。

总之，先不要着急。从今天开始，尝试一下多拥抱孩子的生活吧！

为了自己做，孩子爆发出全部的能量

"不要、不要"的第一反抗期，就是"想做、想做"的时期

接下来是孩子的自主性发展，也可以叫作"意愿"。

孩子身边的事，包括玩耍、学习、社团活动、工作……由他自己决定该做的事，不会受到外部因素干扰，具有自主行动的能力。为了充满期待、愉悦地度过每一天，充分地体验人生，这种能力是不可或缺的。

就像第一章中提到的，**培养孩子自主性最好的方法就是"让孩子尽情去做他想做的事情"**。

只不过，孩子在学习掌握这种能力的过程中，必须经历"狂风暴雨"。

也就是我们常说的"第一反抗期",又叫"可怕的 2 岁"。

无论做什么都不顺心、大哭、发脾气、耍赖、胡闹。

但是什么都要"自己做"!

孩子爆发出个体全部的能量,高声大喊"不要"!

幼儿园里经常有这样的孩子。当然引起孩子"反抗"的原因有很多,其中很多时候是因为"自己想做,却做不了"而情绪爆发。

想做的事情不断地出现,但因能力不足,无法随心行事。他心急如焚,就会尖叫哭闹。

很多爸爸妈妈常常被可怕的 2 岁孩子弄得手足无措,筋疲力尽,甚至有的孩子每天都会发脾气。

有的妈妈对我说,因为不知道哪个地方就可能触发反抗按钮,所以在家里都小心翼翼地对待孩子。

但是,我们幼儿园老师会为孩子反抗期的到来而感到高兴。即使妈妈们找我们探讨这个问题,我们肯定会先说"太好啦"。

然后，告诉她们"请珍惜孩子的这份情绪"。

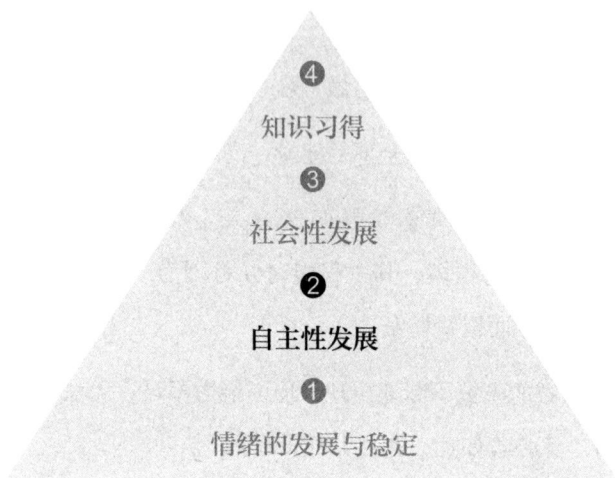

成长三角形

因为从前什么都不会做的弱小幼儿，如今已萌生出"想要自己做，让我自己做"的意愿。曾经模糊的自我，如今已清晰显露。他们已经向着独立自主的大人迈出了第一步。换句话说，**孩子说"不要、不要"的第一反抗**

期，就是"想做、想做"的时期。

所以，我会对因"第一反抗期"而苦恼的妈妈们说："毫无自主意愿、毫无热情的孩子，不会成长为一个像样的大人。宝贝很出色哦！"

话虽如此，但如果家里总是听到"不要！"的声音……父母的心情自然郁闷消沉，心里总想要平息一下孩子的怒火。

那么，如何应对号啕大哭的孩子呢？

我会思考如何满足他"想做"的情绪。"让他自己去做"比哄或训斥都要有效。

所以，不要催促、不要命令，给他点时间等等他。

如果发现他无论如何也无法独立做到，就悄悄地伸出援助之手引导其成功完成。关键是要把握好度，尽量不要刺激"明明想自己做！不要打扰我！"的愤怒开关。

举个常见的例子，孩子坚持要自己穿裤子。

他由于穿不好而气急败坏，这时如果你也跟着孩子一起发脾气：

"哎呀，没时间了！好啦，我帮你穿，把裤子给我！别那么任性！"

那就麻烦了。由于焦躁的连锁反应，孩子的心情会更糟糕。

所以，**首先父母要心平气和。**然后，一边询问"需要我帮忙吗"，一边悄悄靠近他。

"这只脚呢？对对，往这儿伸""把那只脚抬起来看看""很好，来，再把裤子往上提一下"，像这样，给出提示。如果孩子仍然很吃力的话，可以稍微帮帮忙（比如提提裤子后面），别让空气中弥漫着火药味。

如果孩子因此获得"自己完成"的成就感，那真是完美的结果，值得庆贺。

另外，为了让孩子获得成就感，有个小窍门。

那就是，**尽量消除"难的东西"。**

比如，小而不好扣的纽扣，领口小的 T 恤，难穿的鞋子——面对这些东西，大人都难免会急躁。对于手还不够灵巧的孩子来说，请先确认一下，他们身边的物品"难易程度"如何。

衣服，号码大一点更好穿；鞋子，后脚跟带鞋舌的容易穿。请妈妈们尽量选择"孩子能独自完成的物品"。

如果下一个计划迫在眉睫，那么无论如何都会焦躁不安，无法安心等待，对不对？

同时，孩子的反抗情绪也就出现了。

明白了这一点，**父母在制订计划时，就有必要将"反抗时间"考虑进去**。因为这样就可以想"没关系，还有时间"，然后心平气和地等待。

不知为何总是不高兴，完全不按常理出牌，哭到浑身是汗……面对这样的孩子，家长难免有些烦燥。

可是，这就是孩子。从古至今，没有哪个家长不曾为孩子头疼困扰过。

所以，不要总是负面地认为"为什么我家的孩子这么任性"。

更不要想"是不是教育方式出现了问题"，将自己逼入困境。

请一定要想起孩子成长三角形的这个阶段。

溺爱限制了孩子原本的成长

不存在"过分的疼爱"，但存在"过分的娇惯"

　　孩子天真可爱，家长们一定要尽情充分地向孩子们表达对他们的喜爱之情。紧紧地拥抱他们，与他们温情对话，形影不离……不存在"过分的疼爱"，请安心地、尽情地倾注你对孩子的爱。

　　如果变成溺爱，那另当别论。

　　所谓溺爱，就是插手孩子能做到的事情。

　　这是"娇纵"，会阻碍孩子的自主性发展。

　　在我们幼儿园，2 岁以上的孩子每天入园时要"工作"。收拾好鞋子和书包，拿出笔记本，在当天的位置贴上贴纸，放在自己班级的架子上，做完这些就可以自由活动了。

这些工作，对我们来说轻而易举，但孩子们却会花费不少时间。不管是将鞋子整齐地放入鞋柜，还是从贴纸上揭下粘贴，这些对孩子来说都是"大工程"。

不管孩子花多长时间，我希望家长们尽可能地耐心等待孩子做完……但是，在现实生活中有很多娇惯孩子的奶奶。她们三下五除二地做完所有事情，就像是在说"这都是监护人的工作"。

果然，隔代养育，更容易出现溺爱！

由于年龄相差悬殊，平等地看待孩子就更难了。

所以，真的会不自觉地插手孩子自己能做到的事情。"这个对你还有点儿难，奶奶帮你吧"，这样就剥夺了孩子自己工作、成长的机会。

如果持续被娇惯，孩子的自主性便不能得到良好的发展。曾有小学老师联系我们：

"他自己什么都不想做，我感到很困惑……想了解下，他之前在你们幼儿园的表现怎么样？"

我不禁感慨：糟了！肯定在家就是这个样子，我应该多向奶奶提醒的。

不过多干涉和参与，支持孩子自己去做。

所以，当你拜托温和慈爱的爷爷奶奶照顾孩子时，最好提前沟通好：

"请不要过多干涉和参与，支持孩子自己做才有益于孩子成长。"

"如果长成一个没有意愿、没有热情的人，那孩子岂不是很可怜？"

争吵是孩子成长的机会

吵架先引导，后守护

让身边人理解自己心情和想法的表现力，这是成长三角形中唯一一个只能在社会集体中掌握的能力。

3 岁左右，与他人的交往能力快速发展，他们开始懂得除自己外还有必须尊重的他人（当然，这个也存在个体差异。有的孩子从 1 岁开始便初步具有社会性的能力，有的孩子到 4 岁仍未掌握这种能力）。此后，他们开始学习与他人相处。

要想习得社会性，吵架是个不错的练习。一旦出现争夺物品的情况，就是孩子习得社会性的契机。

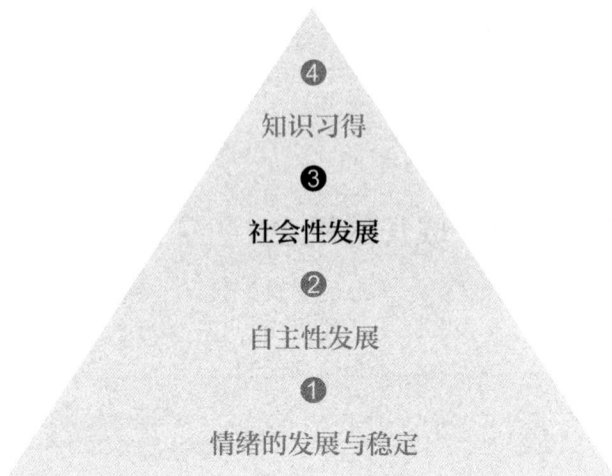

成长三角形

在新入园孩子较多的 4 月份（日本是 4 月份开学），因自行车数量有限，经常会发生抢夺事件。想要抢别人正在骑的自行车的孩子，和不想分享车的孩子会发生小争吵，最后都放声大哭。

孩子们初来乍到，还不知道如何解决。这时幼儿老师会进行调解，告诉他们沟通的方法。

"这时应该拜托对方说'请借我玩会儿'，试试看。"

"请借我玩会儿。"

"……不要！"

"哎呀，还是不给是吧。那我们再怎么说好呢？那我们说'你玩完了能借我玩会儿吗'试试看。"

不断重复这样的对话练习，孩子自己就会说"玩完了能借我玩会儿吗"。被请求的孩子，玩一会儿后，也会让给对方："给你玩吧。"孩子们跟着幼儿老师，马上理解学会了说"谢谢"。

有意思的是，学会了"一会儿能借我吗""给你玩吧""谢谢"这些对话后，争抢玩具的事件一下子减少了。孩子们一定是觉得只要说了"借我玩会儿"，迟早自己也能玩，所以先做些别的事情等待。

在少年宫或者公园因玩具发生争吵时，为了避免纠纷，听说很多家长都会让自己的孩子忍耐或者迅速离开。

然而，对于还没有加入社会集体的孩子来说，这种争吵是绝好的机会。如果对方父母看上去是位通情达理的人，请务必让孩子借此机会练习一下交流对话。

同时，当孩子稍微大点儿后，大概 4~5 岁觉得"没问题"的时候，就不要再介入孩子们之间的争吵了。

"喂，你在干什么？"不再像这样质问、训斥孩子。"好了，握手和好吧！"也绝不这样帮着收场。

"各打五十下"，这不是由大人决定的事情。

那老师该做什么呢？在一旁观看避免危险发生。如果是拌个口角、你推我搡的话，听其自然。如果看到孩子拿出尖头铲子，就要劝阻了："那个可不行吧？"然后，说"铲子先放这儿"并把报纸卷成筒递给他（替换铲子）。

在保证安全的前提下，剩下的事情都交给孩子自己。但是，我们会判断孩子"解决自己引发问题的能力和责任"的发展情况，然后做出适当的援助。

像争夺自行车这样的争吵反复出现，孩子解决吵架的能力也就逐渐形成。事实上，我在旁边观看等待，结果基本是吵架当事人互相交谈最终和好。

即使当事人交谈后仍无法顺利解决，周围的孩子也会主动帮着调和，犹如公平智慧的包公断案，很是有趣。4~5 岁的孩子真是了不起!

社会性发展，一开始是大人引导示范，接下来就是在集体中自然习得。这个在 3 岁以后尤其重要。所以，一般幼儿园都是 3 岁入学的。

仅靠亲子关系培养孩子的社会性，是有限的。孩子需要孩子们的社会。

请放手让孩子多玩耍

"玩得彻底"是最好的学习

在幼儿期，最重要的知识不是拼音汉字、英语单词、物品名称这些"用头脑获得的知识"，而是"经验知识"。

说到"经验知识"，是不是觉得有些无从下手？

其实没什么，主要就是玩。

尽情地玩耍，对孩子来说是最好的学习。因为主体性、创造性、社会性、专注力、道德心、好奇心、预知危险能力……所有的能力都是通过玩来形成的。也就是说，充分的玩耍对孩子将来的自立至关重要。

在大自然间游玩时，跟着孩子一起探个险，读读绘本，搞搞制作，假扮各种角色……尽情玩耍时，孩子脸上必定是洋溢着灿烂开心的笑容。他们不时发出兴奋的欢呼声，目光炯炯，全神贯注……这时，成长三角形顶端的能力就会快速增长。

❹

知识习得

❸

社会性发展

❷

自主性发展

❶

情绪的发展与稳定

成长三角形

相反，如果家长一味地让孩子看电视（单方面接受信息，很多能力都无法得到发展），死记硬背学习各种技能，总是避开"有点危险"的事和"麻烦"的事，那么就不会到达三角形的顶峰。

所谓的"学习"，推迟一下也无妨。埋头专注、开怀大笑、玩到筋疲力尽……这样的每一天只有童年才有哦。

所以，请放手让孩子多玩耍吧。孩子的成长剂是"自发性学习"而不是"被动性学习"。

第 4 章

照看过 2800 个
幼儿的 "育儿秘籍"

孩子有属于自己的成长速度,

所以,让我们以长远的眼光去看待和守护孩子吧。

我一路走来的育儿经验

60 年，照看过 2800 个孩子，育儿中最常见且迫切的问题

在前面，我结合园内的一些小故事讲了"培养孩子自由生存能力的方法"。

可以总结为三点：蒙台梭利教育理念的"培养方式"，阿德勒心理学观点的"对待方式"，以及以村田老师成长三角形为依据的"自立之路"。

这些都是我用心学习、实践后认为有效的育儿理论。

好像有些自卖自夸，我从 30 多岁开始真正从事育儿工作，这一路真的学习了很多。其实，这源于我一直

都有些自卑……

我没有上过专业学校，背着刚出生的二儿子学习备考，仅凭一点小聪明通过了资格证书考试……所以，刚开始我的内心充满不安。担心自己缺少幼儿老师最重要的基石，担心自己学识浅薄，无法成为一个令孩子满意的好老师……

所以，我不停地参加各种研修、讲座、学习会……

并且，每次有机会演讲，我都会提前翻阅书籍加深知识。现在仍然如此，就连作为园长的儿子也说："幼儿园里学习热情最高的就是大川老师。"92 岁的我，在内心深处仍然觉得"还差得远呢"。

难能可贵的是，很多爸爸妈妈都来找我咨询。"大川老师，可以耽误您几分钟吗，我家孩子……"

可能是因为我从事育儿工作 60 年，照看过 2800 多个孩子，家长们认为我经验丰富吧。

在育儿过程中，每时每刻都会发生道理上行不通的、育儿书上没有提及的"事件"。经过多次观察体验那种"状况"的老奶奶教师，想必见多识广，因为这样想他们才会信赖我吧。

因此，在本章我将与大家分享这几十年来家长向我咨询的育儿困扰。我主要和大家聊一聊"育儿咨询"中最常见且迫切的问题。

当然了，育儿方式不存在绝对的正确。

有些或许能帮上忙，有些或许你觉得"不适合我们家孩子"。所以，请大家抱着一种看幼儿园联络簿（学校、幼儿园与家庭之间互写联络事项、互相交流的笔记本）的心情阅读。

如果有一天因为育儿问题而烦恼时，能在脑海中想起"话说92岁的幼儿老师曾这么说过"，我将很开心。

边工作边育儿非常了不起

比 起 陪 伴 时 间 ， 爱 的 质 量 更 有 助 于 孩 子 成 长

现在，上班族妈妈比过去增加了很多。

当然，有的是生活所迫不得不工作，有的妈妈工作是为了追逐自己的梦想。

但是，无论哪种，我对于"女性步入社会"一直都持肯定的态度。

如今，人们已普遍认为女性不仅应该拥有家庭，也应该拥有其他多彩的世界。

不仅仅作为"妈妈"的角色，也应该以自己的名字精彩地生活。

虽然边育儿边工作非常辛苦，但我认为这是非常了不起且美好的事情。

只是，为了工作需要把孩子放在幼儿园，然而一旦让孩子开始幼儿园生活，妈妈们看起来又忧心忡忡。

"虽然是自己选的路，但是不亲自培养孩子真的好吗？"妈妈们内心开始慢慢涌现出这种"自责感"。

特别是把婴儿或是虽满 1 岁还带有婴儿气的宝宝托付给他人，内心肯定十分纠结、担心。

妈妈们想要工作，或者必须工作，但心里忍不住想："这样真的好吗？……"因为现在还是有很多人会说："把那么小的孩子扔给别人管，真不像话。"

之所以产生这种纠结焦虑，正是源于母亲对孩子深深的爱。每次见到这样的妈妈，对于她的孩子我都会想："宝贝儿，你被爱着，真好。"

在培养孩子和妈妈的关系上，我认为"质量"比"时间"重要。

在一起能度过多少"美好时光"，决定了亲子关系的质量。

所以，只要你和孩子在一起的时光能够真诚地面对面交流、一起欢笑，尽情地传递出你对他的爱，那么就没问题。下班回来，张开双臂搂住开心地向你跑来的孩子，把他抱起来，告诉他"谢谢你等我回来，妈妈好想你，见到你太高兴了"，说着将孩子搂得更紧。仅仅是温暖的话语和深情的拥抱，孩子已万分满足，一天的疲惫也一扫而光。我们幼儿老师从他们的表情中就可以看到这一点。

在幼儿园里，孩子一整天都可以专注地玩耍，社会性也得以发展。在家里玩不了，妈妈陪着玩了一会儿就累的游戏，在这里可以全身心地投入，尽情地玩耍。

我在前面说过"对孩子来说，玩就是学习"。他们每天都在竭尽全力地学习，所以妈妈们尽管放心好了。请尽情去创造和拥抱自己的世界吧！

还有一点，经常有妈妈对我说："我想把孩子放在这儿，所以找了工作！"因为双职工的话，更有理由让孩子进幼儿园。

这样的妈妈，我建议你先考察多个幼儿园、仔细询问，夫妻双方都认可"就是这儿了"，再决定入园（如果孩子超过 3 岁，他的意见也很重要）。

不要天天苦恼纠结"或许做了件对不起孩子的事情……"，去找一个自己内心认为"想把孩子放在这儿""孩子一定很幸福"的幼儿园。这可以说是父母放松心情必需的。

当然，除了上幼儿园，还有很多选择。有的爸爸妈妈决定"一直到幼儿园都自己带"，这也是非常了不起的决定。

上不上幼儿园，不是什么大不了的问题。

重要的是，父母要做出令自己满意的选择。

如果做出的选择不是自己满意的话，也就无法和可爱的孩子一起度过"美好的时光"了。

把吃饭这件事交给孩子

不吃也好，米饭泡汤也好，都随他。

因为每天都要吃饭，轻松对待

"不要，我不吃！"

妈妈们最不想听到的话中，应该会有这句话吧。

反正就是不吃；严重挑食；喂他吃还会用手打掉……每次吃饭都很郁闷。

但是，不要因此怒吼"快吃！"或者强行把饭塞到孩子嘴里。

没有必要这么激动。

如果是我，只会告诉他：

"放在这里喽，想吃了就吃。"

而且，不要过多理会，就是等待，剩下的都交给孩子。

因为吃饭这件事，越是强制，孩子就越反感。

如果无论如何都想让孩子好好吃饭，那就在能力范围内多花点心思，比如说可以让孩子帮忙准备饭菜，帮忙摆放碗筷，拿个勺子……然后爸爸妈妈要向他们表达谢意——"谢谢"。

"让妈妈开心了（我做出贡献了）"，孩子心里美美的，或许因为高兴，孩子就会想要加入这顿自己参与的美餐了。

另外，关于吃饭方面，还有很多妈妈会咨询，比如"会把米饭放进大酱汤里""拿着食物玩"这样的问题。我觉得这些都可以随他去。"一定是在做什么实验吧，或许对吃饭感兴趣了"，以这样积极的角度看待这个问题。或许他只是发现，把米饭泡进汤里吃着更方便。

尽管如此，妈妈还是会担心礼仪的问题。所以，可以试着对孩子说："妈妈更喜欢不把米饭放进去哦。"

想把孩子的行为纠正为"正确的行为"，想让孩子按照自己的意愿去做，因而对他各种干预，家庭生活就会变得疲惫不堪。特别是一日三餐，天天如此，很容易给孩子和父母造成压力。

尤其是特别认真的妈妈，不要过于敏感或在意。

好，那就让孩子自己思考做决定吧！——请以这样从容不迫的心态对待孩子。

父母越着急，摘掉纸尿裤越困难

纸尿裤不是一种"教养"，顺其自然地摘掉

摘掉纸尿裤，这是在孩子2岁半左右，妈妈常见的烦恼。我经常接到他人的委托，希望能为新手妈妈开展相关的如厕训练讲座。

特别是第一个孩子，妈妈可能无法想象孩子摘掉纸尿裤的生活。因为那是从孩子呱呱坠地时开始，日复一日、不分昼夜地更换了几千次的纸尿裤。换言之，就是妈妈和孩子要结束这项工作，顺利毕业。

有的父母或许感受到了孩子的成长和逐步自立，并为之精神一振，干劲十足呢。

我首先要说的是，摘掉纸尿裤不是一种"教养"，而是孩子自立需要的"帮手"。

所以，即使不断失败，也没必要把它想象得过于严重。

你看看，到了 20 岁谁还用纸尿裤呢？在中学、小学也没有人带着纸尿裤上学是不是？在幼儿园毕业生里，也没有人穿纸尿裤。孩子总有一天会摘掉的，只是现在还不到时候。当然，特殊情况的孩子另当别论。

从出生以来两年多的时间里，孩子一直都是想尿就尿在纸尿裤里，所以如厕失败也是理所当然的。因为孩子储存尿液的膀胱，还没有发育成熟呢。

关于摘掉纸尿裤，有的妈妈会为不知什么时候才能成功而烦恼。

到了 2 岁半，"一二三，开始"，孩子们的膀胱都同步准备妥当，如果是这么简单就好了，但成长往往不是如此。

那个孩子 2 岁开始如厕训练成功了，这个孩子到 3 岁了还是一直失败。自家孩子是前者还是后者，只有经历过才知道。

我的三个孩子，情况也是各不相同。大儿子很快就摘掉了纸尿裤。二儿子却怎么也无法顺利摘掉，很是费心。三儿子就更别提了，总是尿床，最后竟然自己说"哎呀，睡衣弄湿了，太可惜了，我裸睡吧"。现在讲来是个笑话，但当时真的是很伤脑筋。

所以，我很理解妈妈们的辛苦和烦恼。

照看了这么多的孩子，一路走来，有一点我可以确定。那就是，如果父母对孩子如厕失败的反应过于强烈，孩子更不容易摘掉纸尿裤。父母越着急、越生气，孩子摘掉纸尿裤越困难。

孩子是非常细腻敏感的。一想尿尿，头脑中就会浮现出被训斥的不愉快记忆，最终会对上厕所变得恐惧畏缩。

在幼儿园里，也有无论如何都摘不掉纸尿裤的孩子。

家长意识到问题的时候，孩子已经快4岁了，父母万分焦急。几乎每天都来问我："大川老师，该怎么办啊？"

看我一副不慌不忙的样子，甚至还说过："好了，我们还是转幼儿园吧！"（不过最后还是留了下来。）

别的幼儿园，为了摘掉纸尿裤，一般都是隔一段时间就会让孩子们一起上厕所，也就是在自己"想尿尿"之前去上厕所。

这样一来，孩子失败的概率就会减小。所以，这个妈妈希望我们哪怕强行让孩子上厕所也好，抓紧帮助孩子摘掉纸尿裤。

虽然孩子的身体还未发育成熟，但在他作为孩子的角色之前，首先是独立的个体。而每个人"想尿尿""想便便"的时间，肯定是不同的。

我还是希望孩子能靠自己的身体去感受"有点憋得慌""想去厕所了"，所以我们没有进行集体的如厕训练。

当然，如果孩子尿裤子了，我们也不会生气、训斥。

"哎呀，尿了。下次要早点去厕所哟。"

然后帮忙换上衣服，事情就结束了。因为没有挨训，孩子也就不会当作心理负担。

随着孩子不断长大，就会慢慢产生尿裤子很难为情、裤子湿了很不舒服的想法和感受，"想尿尿"的感觉就会逐渐变得敏感。孩子尿裤子时的处理方式（"下次要再早点去哟"，边说边帮忙换衣服），也很关键。

那个摘不掉纸尿裤的孩子后来怎么样了呢？

到了4岁，不知道是因为妈妈换了工作，还是因为没有缩时待遇了（生孩子后缩短劳动时间的待遇），妈妈的工作时间变长了。妈妈更忙，冲孩子发火的次数减少，纸尿裤就慢慢摘掉了。

有压力就会真实地表现出来，孩子就是这样一种生物！

尽量少让孩子看电视

看 电 视 时 间 每 天 不 超 过 2 小 时 ， 妈 妈 能 陪 着 看 更 好

看电视、打游戏，抱着手机、捧着平板看各种视频动画……在这个时代，孩子该如何与电子产品相处也是备受父母关注的事情。

在给妈妈们的"马利亚之丘信件"中，我告诉她们：

"在 2 岁之前，尽量不要让孩子看电视。过了 2 岁，每天看电视的时间请控制在 2 小时以内。"当然，时间越短越好。

根据我多年的经验，沉迷于电视或手机的孩子，语

言发展迟缓，即使语言发育正常，也不善于交流。他们好像无法和真实、活生生的人顺利地进行沟通交流。

举一个我印象深刻的例子。

男孩叫小安，在他 4 岁时，负责他们班的老师来找我，"总觉得无法和小安顺利对话"。老师注意到他自己一个人可以喋喋不休地说个不停，所以语言发育并不迟缓。但很少与人对视，无法顺利地和别人对话。

于是，我们询问了小安妈妈，孩子平时在家都做些什么。

我们了解到，在家里妈妈总是让小安玩视频游戏，很少跟他交流。即使在接送路途中 5 分钟时间里，孩子也在车上玩游戏。回到家里，除吃饭洗澡时间外，一直都是玩游戏。

看来不能与人对话的原因就在于此。于是我向小安妈妈提议道："别让他玩游戏了，试着多和他聊聊天。"

妈妈听完后面露困惑："知道了。但是，我该和他聊些什么呢？"妈妈的话让我有些吃惊，我建议道：什么都可以，比如"你今天在幼儿园和谁玩了？""今天学校的饭菜，哪个更好吃？"，可以先试着询问各种事情。

小安妈妈很用心，马上就付诸实践了。

结果如何呢？不到一周的时间，我就可以和小安顺利地交流了！对话很顺利，他的眼睛也可以坚定地注视着对方。我们甚至没有想到效果会如此立竿见影。

同样，还有在小学入学前的秋季体检中，因"不能对话"而未通过测试的阿治。阿治由爷爷奶奶照看，平时在家总是看 DVD。我曾多次提醒劝说，但无济于事。

最后，被教育委员会传唤，催促其改善，爷爷奶奶终于开始认真对待，全力以赴，积极配合。在将近半年的时间里，没让他接触任何 DVD，阿治最终顺利升入小学。

后来，我们去学校参观授课时，询问阿治的老师："怎么样？阿治和朋友们相处顺利吗？""怎么了？他之前有过什么情况吗？"老师这么问，就说明阿治没有任何问题了。

小安和阿治，两人都不是生活在没有爱的家庭。家长了解到问题后，都在竭尽全力地去解决。

大概是因为不知道跟孩子说些什么，或者因为忙，才选择了让孩子长时间专注于游戏或 DVD 吧。

但是，一味地观看画面中的人物，就无法培养与活生生的真实人物对话的能力。读懂对方表情、话外音的能力也无法得到提升。

另外，如果习惯了影像特有的视觉效果，就会缺乏想象力。

久而久之，孩子会觉得信息量小的绘本没意思，想要看更刺激的影像，陷入恶性循环中。

当然，并不是说完全不能让孩子看电视、玩游戏。

准备饭菜的时候，化妆的时候，无论如何希望孩子安静下来的时候，"看一会儿吧！"这样一说，孩子肯定会积极配合吧。

另外，在今后的时代，完全不接触影像也是不现实的。

所以，"看影像的时间一天不能超过 2 小时"。

有人也会说："啊，2 小时？太宽容了吧？"我个人认为早晚各 1 小时就可以了。

只是尽可能不要"置之不理地让孩子看"，要多与他对话，时不时地坐在他旁边，或是搂他坐在膝盖上，陪他一起观看。

说点题外话，其实我也非常喜欢游戏。每天晚上睡觉前都要玩俄罗斯方块。"会不会导致血压升高啊"，虽然这样想着还是不由自主地沉迷其中，不达到目标分数就无法入睡（但是玩游戏从来没超过 2 个小时）。

我会为自己辩解，都 90 多岁了，无所谓了。

兴趣班最重要的是孩子"想学"

从孩子"想做的事情"出发，寻找一流老师

　　孩子"想学"就开始，孩子"不想学"就放弃——兴趣班，其实就是这么简单的事情。

　　爸爸妈妈们对于"放弃"过于严格。

　　"不，我不想学了。"当孩子这样说的时候，父母总是习惯坚持说"好不容易来了，再坚持一会儿"……即使勉强继续，很遗憾，最终也是收效甚微。孩子没有热情，便不会全身心地投入练习，学习中总是魂不守舍、心不在焉，自然不会有突飞猛进的进步。

　　另外，我经常看到很多父母将自己想学的才艺转移

146

到孩子身上。

这绝对不可以。我知道也许你并没有这么想，但事实上这就是无视孩子人格的表现。

请务必尊重孩子"想学"的想法。

趁着在儿童时期，请让孩子专注于自己喜欢的事情上。

对于兴趣班，孩子能兴高采烈地去上是最重要的。

另外，孩子开始新课程时，一定不能轻视"孩子的学习"，要尽可能给孩子选择一流的老师。

有两个原因。一是三流的老师只能教给孩子"三流"的技艺。这个应该很好理解。

二是一流老师通常有高尚的艺德。越是优秀的老师，越能在拥有不可思议的技能时，考虑到人尚不能做到时的感受。

这样的老师不会冲孩子发火："为什么这么简单的事都学不会？！"（这是二流、三流老师的做法。）他会温柔、认真地将学习的魅力充分传授给孩子。

一流老师培育的嫩芽，在日后会茁壮成长！

这是我切身的感受。我曾受到一流老师的教导，因而让人生变得丰富多彩。

我自己都记不太清了，好像是在我3岁左右的时候，有一次在日比谷公会堂欣赏演出。演出期间，我突然从观众席上站起来，伴着音乐开始跳舞。观众们也热情高涨，为我鼓掌。

见此情形，我的母亲想"这孩子喜欢跳舞啊"，于是带我去日本舞蹈先驱石井漠先生的舞蹈研究室学习。从3岁到6岁，我只在那里学了3年，但是能跟从石井老师学习舞蹈，真是莫大的幸运。

即使现在年过90，我仍然热衷于40多岁邂逅的体态律动教学，辗转东京、高崎去学习，这无疑是跟石井老师学习舞蹈的经验打下的基础。

或许正是因为石井老师传授的"舞蹈的魅力"，深深地印刻在我的内心，才让我下决心尝试一下体态律动教学法。

刚开始接触体态律动教学法时，我就有一种"咦？

感觉好熟悉"的怀念感……石井老师也是将体态律动教学引入日本的先驱。

　　年幼的我只认为那是"舞蹈",殊不知课程里包含了体态律动教学法的要素。

　　至今我仍然对去世的母亲深怀感激,"她竟为我找到了石井漠这么好的老师!"

　　仅仅是我 3 岁的学习,竟然成了我毕生的技艺。

比起英语，要重视孩子的国语学习

为了培养孩子们的想象力，首先要踏踏实实地学国语

"在幼儿时期，比起学习英语，让孩子掌握3000个词汇更重要。"

这是在一次学习讲座中，某位学者的意见。关于英语学习，众说纷纭，但我的想法与这位学者一致。

从我所观察的孩子们的成长来看，我认为不用急于让孩子掌握英语。所以在我们幼儿园，没有任何英语教育。

给予孩子什么样的教育，最终做决定的是父母。我不会讲"绝对不能让孩子学英语！"这种过激的话。

只是我个人认为，在感受性丰富敏锐时期，首先要让他们接触丰富多彩的国语世界。我相信这会激发孩子们的想象力。

有本绘本叫《哎呀，怎么办？我会穿衣服》（文：渡边茂男；图：大友康夫）。小熊把衬衣穿在腿上，鞋子戴在头上……每次搞错都会侧头思考"哎呀，怎么办"，然后说：

"对啦对啦，衬衣是这么穿的！"

"对啦对啦，鞋子是这么穿的！"

……最后，开开心心地出门。这是一本非常可爱，深受孩子们喜欢的绘本。

有人希望这本书能在美国出版，但最终因翻译问题取消计划。

这是因为，在英语里"穿"和"戴"都是"put on"。最关键的，可以称为"对啦对啦，衬衣是这么穿的""对啦对啦，鞋子是这么穿的"的日语词汇，无法原汁原味地表现出来。翻译者实在无法将语言的趣味性以及绘本的魅力完美地呈现出来，所以最终放弃了。

而且，虽然绘本本身都是平假名，但大人在读的时候，比如"穿鞋"和"穿裤子"，头脑中肯定会浮现出相应的画面。

所以，《哎呀，怎么办？我会穿衣服》是一本只有了解日语特有语言的微妙差异，才能享受其中乐趣的绘本。

同样是"雨"，"淅淅沥沥地下""哗啦哗啦地下""滴滴答答地下"，会让人联想出截然不同的画面。同样，听绘本的孩子们，应该也会领会到语言的微妙，并且在头脑中浮现出不同的画面。

所以，我在幼儿园里工作时，非常重视孩子们的国语学习。

我希望孩子们通过接触美妙有趣的语言，成为富有想象力的人。

让孩子心甘情愿地安静下来

尝试让孩子加入你的游戏，享受乐趣的同时培养专注力

在一周一次的体态律动教学时间，孩子们有时会注意力不集中。

意识分散，无法集中精神。

我的办法，就是打鼓。

一开始我会说"鼓一响，就要立刻站起来哟"，然后咚的一声响。

接着，孩子们吵吵嚷嚷又饶有兴致地站起来。"鼓声再响，大家立马坐下。"说着"咚——"又敲打一声。孩子们开始将注意力集中在鼓声上。

"咚咚咚"，随着鼓声，孩子们反复起立、坐下……然后在某一次突然停止打鼓。"现在的鼓没有响，所以不要动哟。"这样故作悬念地一说，孩子们会更有兴趣，更加专注。

接下来，我会让孩子跟着鼓声拍手，啪啪啪……鼓声又戛然而止。如果注意力不集中的话，就会反应不过来，继续拍手。

"啊，没能得100分。连续三次100分，我们就开始体态律动课哦。"孩子们一听立马目光炯炯地注视着我。

在孩子们注意力高度集中时，进入体态律动教学。因为一开始就全神贯注，所以课程中也会一直保持愉悦的紧张感（对声音变得敏感）。

"看我这儿！""安静！"

如果像这样大声粗暴地命令孩子，只会让难得的快乐时光里充满抵触和讨厌的情绪。

相反，如果想着"想方设法地把它变成游戏"，连那些爱调皮玩闹的孩子也会积极地注视着你。不是命令孩子听从自己,而是让他自己心甘情愿地安静下来。

对于孩子,命令他的话,只会得到反抗;玩游戏才能让他兴致勃勃地参与配合。

我们不是北风,也不是太阳,怎样才能引导孩子自主行动呢?……幼儿老师,可是一份需要开动脑筋的工作哦。

一般的方法行不通,挖空心思考虑解决之道也是件有趣的事。

在家里也是一样,父母要绞尽脑汁地想能不能在什么地方加入点儿小游戏?

孩子有属于自己的成长速度

成长与个性因人而异，并且会不断变化

"哎呀，我家孩子，比周围孩子矮一大截儿。"

"那个孩子好健谈啊，我家孩子还一个词一个词地往外蹦呢。"

"又抢小伙伴的玩具了，哎呀，这样下去会没人愿和他玩了吧。"

一旦开始带孩子，烦恼便会不断出现。"哎！这样没事儿吧？"像这样不知道会在心里思虑多少次。但是，孩子的个性各不相同。大家表现出不同的行为，呈现出不同的成长速度，也是理所当然的。

只看到一两个孩子的表现不好判断，但在幼儿园里，照看过 2800 多个孩子，我非常清楚这一点。

妈妈们处于"育儿进行时"可能无法体会到，孩子们并非一成不变的。他们不仅仅是学会了很多事情，他的性格、角色等也在发生变化。

所以，只着眼于孩子现状而过于担忧的话，是不是有些杞人忧天？比如，在孩子们的"社会"里，在 3 岁左右时，一般会产生一位"首领"，通常是个子高、善言辞、力量大——总之，"成长早的孩子"更容易当选。

如何应对首领，孩子们的做法也各不相同。有不服的，有想与他竞争的，有老老实实听从的，也有避而远之的……

我深切地感受到，这不就和大人们一样，形形色色的人们聚集在一起构成了社会。

然而，到了 5 岁左右，其他孩子也开始发育。孩子之间的成长差距逐渐缩小，各自擅长的本领也逐渐展现，首领的优势便不再突显。

身材矮小，但极其能言善辩的孩子开始出现；心灵手巧，擅长画画的孩子脱颖而出；之前温顺老实的孩子，也可以勇敢坚定地说出"住手"……

于是，首领的位置变得不那么牢固，不断出现被自己之前"小跟班"超过的情况。等到幼儿园毕业时，就不存在明显的"首领"了。年年如是，看着很是有趣。

成长，并不断变化。这就是孩子。曾经蛮横无理，之后却变得规规矩矩；曾经拘谨缄默，之后却成为领导型人物；幼儿时期不好好吃饭、个子矮小、性格温和，妈妈担心焦虑。最后，身高超过一米八，成了勇猛的橄榄球选手……

即使你认为"这孩子就是这种性格吧"，但到底如何不能妄下结论。

在幼儿园里，孩子们在不断变化着。离开幼儿园，成为中学生、高中生、长大成人回到母校来玩时，让我们大吃一惊的情况非常常见。所以，不要只关注此刻这一瞬间，认为事态严重，产生"孩子这样哪行啊……"的焦虑感，孩子将来会怎样，我们并不知晓。

因为孩子有属于自己的成长速度，所以让我们以长远的眼光去看待和守护孩子吧。

不要想着讲绘本时教育孩子

没 有 正 确 答 案 ， 但 不 要 将 教 育 掺 入 其 中

"提到绘本，在枥木县幼儿老师里，还得是小俣幼儿生活园的大川繁子老师。"

为了这个肯定，我一直致力于绘本方面的学习研究。

参加了各种相关演讲、研修班，不断地练习实践。

得益于此，我终于……其实并非如此，主要还是孩子本身就喜爱绘本，我们幼儿园的孩子们一天有好几次，甚至一整天都缠着我："大川老师，给我们读绘本吧！"

或许是因为看到了孩子们如此爱看绘本，来找我咨询绘本的父母特别多。所以，关于绘本，我想讲的也比

较多。

　　首先，父母提问最多的就是"请告诉我如何选择绘本"。

　　先明确说明一点，不存在"有益于教育的绘本"这样方便的捷径。我经常跟父母们讲："请不要想着讲绘本时教育孩子，说不定还能有助于学习呢。"

　　……对于这个观点，你可能会有些诧异吧?

　　绘本，无非就是亲子共同欣赏的娱乐事物。

　　"这个有益于教育孩子吧""想把他培养成爱读书的人"……你内心的这些"小算盘"，在阅读过程中会不自觉地传达给孩子。

　　越是热心教育、事必躬亲的妈妈，越是会在阅读过程中不断"测试"孩子。

　　"快看，很多花儿都盛开了。红色的花有几朵?"

　　"看看，果然兄弟还是要团结友爱的，对不对? 你明白了吗?"

　　还有家长习惯对孩子进行"德育"。

但是，换位思考一下，如果自己被这样提问和教育，应该不会觉得有趣吧！

所以，合上绘本就说"讲完了！啊啊，好有意思啊"，只是这样用心地阅读就可以。

阅读方法同样也没有正确答案。

用你觉得享受、喜欢的方式讲给孩子。

面向 0 ~ 1 岁的孩子讲没有故事情节的绘本，可能会比较难。经常有妈妈觉得这样的绘本比较棘手，不知如何讲。

但是，像这样的绘本，大人完全摸不着头脑，小孩却看得津津有味，发出惊喜欢快的声音。看着孩子们的反应，不断变换朗读的语速、声调和节奏。这种不断摸索、大胆尝试的阅读方式，我非常推荐。

也有人会说"啊？老师，可我不擅长那个啊"……这样的家长，建议你不必想着要把它读得多好。

孩子提出要求的话，只要满足他就好了。

就想着"只是让他听听妈妈的声音也是有意义的哦"，索性坦然一些，顺其自然就好。

选择能触动自己心灵的绘本

选 择 畅 销 超 过 1 0 年 、 并 且 妈 妈 也 喜 欢 的 绘 本

绘本在我心中留下了很多有趣的故事。

例如，关于《小白熊做松饼》就有两个有趣的回忆。（1岁孩子非常喜欢的绘本，1972年发售，销量高达300万部的畅销书。）

有一次，在讲完这本书后，一个孩子问：

"大川老师，小白熊有三条围裙对吧？"

"什么？真的吗？"我这样想着又重读了一遍，果然是三条。

做松饼时，穿的是橙色围裙；吃松饼时，是绿色围裙；吃完洗刷时，是蓝色围裙。我读了大概 20 年，竟然完全没有发现。大人不自觉地就会关注文字，而孩子会认真地去观察图画。这件有趣的事让我对这一点有了更深刻的体会，同时也佩服孩子们的观察力。

还有一个引起我反省的小故事。小白熊最后一共做了 4 张松饼，所以我总是会把制作过程"吧唧""扑哧扑哧""啪嗒""鼓起来了"重复讲 4 遍。

有一次，马上就要到午饭时间了，小新拿着《小白熊做松饼》来找我："大川老师，给我讲讲这个吧。"我担心过了午饭时间，可又想着"让孩子等待太可怜了，不如讲快点吧"，就这样翻开了书……

每次都讲 4 遍的松饼制作过程，当我要讲第 2 遍的时候，小新突然说"好了，不用讲了"。

"嗯？平时不都是讲 4 遍的吗？怎么了？"

小新一副兴味索然的表情，他说：

"因为今天的松饼不好吃，不要了。"

他一定是在听的过程中，注意到我的心不在焉，并且用"松饼不好吃"的说法，巧妙地表达出他的感受。这令我惊讶不已。

但是，孩子就是如此敏感，他们拥有极其敏锐的感受力。

通过这个小故事，我发现要想让孩子对绘本感兴趣，首先朗读绘本的人——妈妈自己要享受绘本带来的乐趣。

"太有意思了""好可爱""真不错"，妈妈带着这样的积极情绪去阅读，孩子一定会目光炯炯，兴趣十足地仔细聆听。

所以，不管外界评价多高的绘本，如果我自己不感兴趣或是不喜欢，我就不会读给孩子听。

即便是《野兽出没的地方》这样的世界名作，由于我莫名地不喜欢里面的插图也一直没有读给孩子听。即使我勉为其难读了，那种情绪也会传递给孩子们。

绘本，最好选择能触动自己心弦的。

以此作为前提，给大家分享一个浅显易懂的选择方法。

从事育儿 60 年，讲过大量的绘本，我觉得畅销超过 10 年，经久不衰的绘本更有趣味性（个人喜好除外）。长期畅销的绘本，必定有其魅力。

我们幼儿园也做了相关的绘本目录。如果在绘本选择上犹豫不决的话，可以参考本书 190 页的附录，从中选择自己喜欢的插图或感兴趣的故事绘本。

珍视孩子喜欢某个绘本的感情

绘本会有"太难"，但没有"太简单"

绘本封皮上适合的年龄段，也是挑选绘本的指导方法之一。什么年龄段的孩子适合读什么样的绘本，想必大家选择绘本时也会以此作为参考。

我认为，有"太难"的绘本，但没有"太简单"的绘本。

比如，把写着"5~6岁"的绘本读给2岁孩子，结果如何呢？是的，孩子马上就会厌烦。把头一扭，不知跑到哪儿去了。

面向2岁孩子和5岁孩子的绘本，在文字图画比例和故事情节的复杂程度上明显不同。2 岁的孩子，大多是理解不了给 5 岁孩子看的绘本的乐趣。

但是，有趣的是，反过来给 5 岁的孩子读适合 2 岁孩子的绘本，是没有问题的。篇幅很少的简单绘本，5 岁孩子也会听得津津有味，满心欢喜。

"我家孩子对绘本不感兴趣……"

"最近刚要给他读绘本呢，就不知跑哪儿去了。"

我听完，心想"不会是妈妈选的绘本有些'超纲'了吧"，于是我这样提议：

"暂且先把小时候读过的绘本拿出来讲讲看呢。"

值得高兴的是，第二次见到这位妈妈时，妈妈开心地说："大川老师，现在孩子吵着让我讲绘本了。"

有一次，阿朔的妈妈忧心忡忡地来找我：

"老师，我家孩子连续 3 个月只借《小象散步》这一本书。这样下去能行吗？他对别的绘本都没有兴趣怎么办？我现在很担心。"

确实，作为父母，希望孩子能阅读大量的绘本，接触大量的词汇，看到更广阔的世界。从国内绘本到国外绘本，希望他们能体验各种各样的色彩。我非常理解家长们这点小小的"欲望"。

但是，有自己喜欢的事物，说明孩子的情绪在发育，这是非常美好的事情。这不仅仅是选择绘本，也是孩子拥有自主选择能力的证明，是明确表达自己"喜欢"的一种态度。

我的一位朋友，嫁妆竟是《古利和古拉》这本绘本。

小时候的钟爱之物，就像挚友一般具有特殊的意义。

所以，请珍视孩子的这种喜爱之情。

递给我什么，我就讲什么

配合孩子，直到他心满意足

在育儿日志里，有一次看到这样的一段话："小聪拿着绘本过来找我给他讲，可我刚开始讲，他立马站起来，取来另外一本递给我。该怎么办呢？"

啊，也出现这种情况了，我不禁笑了。那种情景，历历在目。

不知为何，孩子会重复这样的做法。

说着"给我讲讲吧"或"请讲一下这本"，把书递给大人，让大人开始讲。或许这种交流本身让他们感到快乐吧。

而大人会有一种意识，认为"书就应该讲到最后"。

所以，就会忍不住情绪急躁，"行了，要好好听我讲完！"

但是，还是请试着转变一下，"递给我什么，我就讲什么吧。"一次次递过来的绘本，你就一次次从头讲给他听。请一定配合孩子，直到孩子心满意足。

有的妈妈会担心，"是不是孩子缺乏专注力呢？"放心吧，孩子只是没想着读完，或者可能觉着没有自己想象的有趣，或是因为妈妈没有全身心地投入被发现了，还有可能只是因为他们喜欢那个封面就拿过来了。总之，家长不要想太多。

绘本并不是养育孩子不可或缺的物品，只不过是亲子交流的工具。

"虽然故事一个也没讲成，但却从孩子手里接过来很多绘本。"

有这种交流就足够了。

第 5 章

我想对妈妈说的话

一定要夫妻恩爱，融洽的夫妻关系，
是最好的育儿环境。

夫妻吵架尽量不要让孩子看到

"融洽的夫妻关系"是最好的育儿环境

前面几章结合孩子有趣的小故事，讲述了育儿的相关话题。不知是否能对您有所帮助？

在本书的最后，我想跟大家聊聊人生。

不仅仅是因为我年长，就像照看孩子一样，我这一路也是看着很多爸爸妈妈在不断成长。所以，哪怕大家能有一丝收获，我内心也会非常开心。

同育儿一样，我认为人生中应该尽量去掉"必须"。要珍惜"想做"的想法，自由地生活下去。因为那样的人生一定会很开心。我希望爸爸妈妈们也能那样做。

特别是"作为妈妈，就得……"，像这样强行忍耐的想法，是早已过时的"道德束缚"。

例如，有人会说"妈妈就应该时刻保持微笑"。但是妈妈既不是神也不是机器，当然也会有不舒服、不开心的时刻。即使面对的是孩子，也无法时时刻刻表现出开心的样子。

但是，夫妻吵架另当别论，应该尽量不要让孩子看到。只有这一点是"不可以表现出来"的。

当然，夫妻在一起生活，难免会吵架拌嘴，也会产生矛盾。向对方传达自己的想法，努力解决矛盾是非常重要的。

只是，想要跟对方理论时，先深吸一口气，平静一下，之后选择一个孩子不在的场合。看到自己最爱的爸爸妈妈针锋相对、激烈争吵，甚至大打出手，这对孩子来说是一种压力，甚至可能成为永远不可消除的创伤。

有时，通过孩子在幼儿园里的表现，我们就会猜测"前一天，家里应该发生了什么事"。

如果夫妻关系实在得不到缓和，双方无法融洽地相处，那我觉得可以考虑离婚。

是不是有些言辞过激了？那就请看在我年事已高的分儿上，原谅我吧。

不过话说回来，在那个离婚极为罕见的时代我的外婆也选择了离婚，而我的母亲在我6岁时就失去了丈夫。因此，我不认为无论如何要有一个由爸爸妈妈构建的完整的家是孩子成长必不可少的。

有人会说："为了孩子，不能离婚。"

但举个极端的例子，比起让孩子看到家庭暴力，我觉得离婚要好得多。

以前，有个妈妈遭受丈夫的家庭暴力，离婚后回到足利本地，把孩子送到了我们幼儿园。这个孩子总是小心翼翼地观察大人的脸色。

看到他目不转睛地盯着我们，我好想紧紧地抱住他，跟他说："没关系的，不用那么在意我们。"

可以肯定的是，不仅是家暴，让孩子感到害怕沮丧的家庭环境也是不理想的。

那个孩子孤寂的眼神，我至今仍无法忘怀。我从心底里认为融洽的夫妻关系，是最好的育儿环境。

一定要夫妻恩爱

不 是 作 为 " 妻 子 " ， 而 是 作 为 " 儿 媳 " 的 反 省

"那大川老师的夫妻感情应该很好吧？"如果被这样问的话，说心里话，会感到些许尴尬。倒不是关系不好，坦率地说，也绝算不上恩爱有加。

之所以这么说，是因为我自 20 岁结婚后，一直是以"儿媳妇"而不是以"妻子"的身份在生活。

具体缘由，请大家听我讲讲之前的故事。

我在东京出生，和外婆、母亲、弟弟生活在一起，生活还算富裕。外婆经营着东京第二大助产士、护士派遣公司。平时，助产士、护士们住在我们家的二楼，接

到电话"哪里有人好像要生了",就会火速赶往那家,直到产后护理结束,再返回到家里。

据说,有一段时间外婆作为经营者,赚钱养着做研究的外公。但后来发生了很多事情,两人离婚了。能够勇敢地离婚,或许是因为外婆有稳定的收入吧。

因为家里平时住着 50 来个年轻的女性,所以在我6 岁父亲去世后,母亲就带我回去帮着外婆打点家事。

所以,真的是完全"劳动女性"的生活(不过还有我弟弟)。她们积极地投身于政治,年末丈夫们会来找她们要钱,当时的我真的觉得她们相当开明。

做饭以及其他一切家务,都由住在家里的实习助产士负责。自来水、燃气一应俱全。虽说处于战争期间,生活也没有出现任何拮据。

但是,战后嫁到枥木县的大川家后,生活发生了翻天覆地的变化。

首先,刚嫁过去,婆婆就对我发出威严的宣告:"我说是黑的,即使是白的也是黑的。"

一边在公公所在的医院里帮忙,一边努力做好"儿媳妇"该做的所有家务。虽然有些难为情，但我连怎么淘米都不知道。从井里提水、烧洗澡水，对我而言都是第一次……其过程也是备尝艰辛啊。

最主要的是，原本只是公公说了句"要不要嫁到我们家"，而对于丈夫的情况我一无所知。

提亲的时候，母亲对我说："自己做决定吧。不过责任也要自己承担。"虽然我果断决定"好，就嫁过去吧"，但是对于丈夫是个什么样的人几乎都没想过。

结婚后也是，很遗憾，没有互通心意的时间和意识。丈夫虽然在镇上享有一定的声誉，但不是那种会明确表达自己意见的人，再加上我忙于家务、照顾孩子，还有之后的育儿工作……

所以，在婆婆去世后，丈夫表示"今后我们两人也一起去旅旅游什么的吧"，我想着总算开始迈入"夫妻二人的世界"了，但是……唉，却很糟糕。

因为，结婚已经 36 年了，早已没有"两人携手并进"的感觉。总之，为时已晚了。

我们并不是夫妻关系不好，我们做了一辈子的夫妻，但是没有恋人或是搭档的感觉。这一点让我略感些许遗憾。

所以，我特别想告诉年轻人："一定要夫妻恩爱！"

在 57 岁时，我接受足利市市长的委托——"这可是比之前委派给你的教育委员更重要的工作"，担任女性问题座谈会的主席；跟女性朋友们就夫妻问题也进行过热烈的交谈。

有熟悉的会议员跟我说："大川老师，请不要过分教唆我老婆哟！"我会底气十足地反驳道："您说什么呢！我总是跟她们讲'别的都不重要，但夫妻关系一定要好'，我讲的可对您也有好处啊。"

夫妻共同带孩子是好事

"母亲和孩子＋父亲"时代，转变为"夫妻和孩子"时代

女性的人生、生活方式都发生了巨大的改变。

以前生四五个孩子很正常，多的生 10 个也不稀奇。换句话说，女性整个一生的育儿期很漫长。

最小的孩子结婚离开家后，差不多就 60 岁了。平均寿命又比现在短，所以剩下夫妻二人携手并进的人生也就 10 年左右。

近些年来，平均每对夫妻生育的孩子数量减少。虽然第一胎的生育年龄有所推迟，但当孩子独立时父母还比较年轻。再加上平均寿命延长，与之前相比，夫妻二

人世界的时间明显延长。

正在阅读这本书的读者，相信目前一定是孩子占据了大部分生活和感情。但是，孩子终究要走向自立，离开父母。

也就是说，"母亲"或"父亲"这种角色，终有一天不再是自己生活的重心。

然而，在理想状态下，"妻子和丈夫"的关系，直到死亡前都会一直持续。

所以，希望你们构建美好甜蜜的夫妻关系，不至于像我，有一天感叹为时已晚。

请时常想想："保持这样夫妻的生活方式，等将来只有两个人一起生活时会不会有问题？"

对了，我还想告诉已经身为"婆婆"的人们：

最近，听人说"儿子结婚了，去他家竟然发现儿媳妇坐那儿，儿子在刷碗。这媳妇真是厚脸皮啊，看着就来气"，但我认为只要本人感觉幸福就好，不要插手儿子儿媳的生活。他们夫妻二人幸福和睦地生活是最重要的，绝对不可以破坏那种和谐的关系。

如果你正苦恼于长辈的各种干涉，不妨在本页贴上便签，把书放在显眼的地方。告诉他们 92 岁的老奶奶是这样说的。

最近休产假的父亲开始增多，两人分担接送孩子任务的家庭也增多。孩子的事情，不再只有妈妈操心，而是夫妻二人共同面对。"妈妈和孩子＋偶尔加入的父亲"时代，正在转变为"夫妻和孩子"时代。

无论对孩子，还是对将来两人的生活来说，"夫妻和孩子"的模式都是"好事"。

即使年过 90，我每天都过得特别开心

去 做 令 自 己 心 动 的 事 情 ， 无 论 年 龄 多 大

　　幼儿园里的孩子们都很期待我的体态律动音乐教学时间，经常会问："下次体态律动音乐课什么时候上？"最近因为腰疼偶尔休息时，孩子们别提有多遗憾了。

　　我过了 40 岁才开始学习体态律动音乐教学法。起因是收到了东京一所音乐大学发来的邀请函，他们在暑期会举办相关的研修活动。

　　研修需要住在那里一周，一想到自己 40 多岁的年龄心里就打退堂鼓，当时也很纠结……实际上邀请函前一年就收到过，因为同样的理由没有参加。

"啊，比去年又老了一岁。现在既然是接下来人生中最年轻的时候，那就试试吧。"

这样想着，我终于鼓足勇气去了。去了之后发现，竟然都是 20 多岁的人，我绝对算是"老人"。

刚去时我的确有些难为情，但是课程一开始，我瞬间觉得"哎呀，好熟悉"。就像前面讲的，得益于幼年时期石井老师的舞蹈课程，我迅速适应了学习。

我渐渐地被体态律动教学法吸引，兴趣十足，每个月都去东京、群马进修学习。

30 年前，我见到日本首个取得体态律动教学国际证书的马渊明彦老师，自此对律动教学更加痴迷。我心里憧憬着：如果能像马渊老师那样，用美妙动听的钢琴声引导孩子该有多好。于是下决心还要努力练习再练习。

虽然我说"孩子们很期待我的课程"，但其实我自己才是最激动最兴奋的。正是因为生活中有几项让我痴迷陶醉的事情，所以即使年过 90，我依旧每天都过得特别开心。

大家都比我年轻多了，还拥有很多时间。在这本书中我一直强调"孩子的意愿是非常重要的"，大人也一样。

有"想做"的事情，就大胆尝试去挑战。

想要学，就投入时间精力去努力。

没有什么"太晚了"。你现在看本书的这一瞬间，正是接下来几十年漫漫人生中最年轻的时刻。

我真的很庆幸，自己那时如痴如醉地投入到体态律动教学的世界中。

感恩孩子们每天带来的欢乐

看到那么小的孩子长得又高又壮时，
我从心底里感觉："啊，好幸福！"

工作、兴趣、公共活动，什么都可以尝试。只要发掘生活的意义，就能够健康长寿。

如果没有这份工作，我恐怕早已卧床不起；甚至可能早就与世长辞了。

庆幸的是，至今我仍忙忙碌碌地生活着，年过 90 也经常连续几个月不休息。周末也一定会来幼儿园里，点评幼儿老师的工作日志，计算工资……要不然就是"故事讲坛"、活动、学习会、做报告，几乎很少休息。

但是，我觉得远比闲下来要好得多。

幼儿老师的工作，工资低、工作累，有时还很脏。

但是，却充满了无法用这种标准衡量的乐趣和魅力。我想在我们幼儿园工作的人，都深有体会。

每天孩子们带给我们很多欢乐，这样的生活很有意义，也充满学问。

看到那么小的孩子长得又高又壮时，曾经年幼的孩童长大成人来拜访母校时，我从心底里感觉"啊，好幸福！"，那正是生活的意义所在。

我仍在从事育儿工作的最大动力，是内心由衷地觉得小俣幼儿生活园所致力于的育儿理念真的很棒。虽然没有当面对园长说过，但心里一直在说"非常感谢你发现了蒙台梭利教育和阿德勒心理学"。

说心里话，我希望它会一直持续下去。能有这么珍爱的东西，也是值得庆幸的吧。

丈夫已经去世近20年了，所以我可以说是"单身族"，独自一人生活着。

但是，回顾人生，我觉得现在是最幸福的。

活得很有意义，还有很多想做的事情，每一天都很快乐。

而且，到这个年纪才明白，只要现在幸福的话，之前的艰辛往事便不再艰辛。因为你会豁然领悟到"正是因为有了那样的经历，才有了现在的自己"。

人生历经万事，终觉幸福。

接下来要做什么，会学到什么，每天都兴奋地期待着。

92 岁，当下正是青春。

附 录

小俣幼儿生活园的绘本阅读计划[1]

4月	
1岁	《不见了，不见了》（文：松谷美代子　图：濑川康男）
2岁	《你好，再见》（文/图：松井纪子）
3岁	《蒲公英》（文/图：平山和子）
4岁	《好饿的毛毛虫》（文/图：艾瑞·卡尔）
5岁	《不不园》（文：中川李枝子　图：大村百合子）
5月	
1岁	《月亮，晚上好》（文/图：林明子）
2岁	《嘀嘀嘀，上车了！》（文：松谷美代子　图：东光寺启）
3岁	《我的连衣裙》（文/图：西卷茅子）
4岁	《第一次上街买东西》（文：筒井赖子　图：林明子）
5岁	《壁橱里的冒险》（文：古田足日　图：田畑精一）
6月	
1岁	《动物宝宝和妈妈》（文：小森厚　图：薮内正幸）
2岁	《我的蜡笔》（文/图：长新太）

1 日本幼儿园开学时间为每年的4月份。

3岁	《拔萝卜》（文：阿·托尔斯泰　图：佐藤忠良）
4岁	《在森林里》（文/图：玛丽·荷·艾斯）
5岁	《牙细菌大冒险》（文/图：加古里子）

7月	
1岁	《有趣的不倒翁》（だるまさんが）（文/图：加岳井宏）
2岁	《快乐的小熊》（文：渡边茂男　图：大友康夫）
3岁	《三只山羊嘎啦嘎啦》 （文：P.C.阿斯别约恩森　J.E.姆厄　图：玛夏·布朗）
4岁	《小黑鱼》（文/图：李欧·李奥尼）
5岁	《好奇的乔治》（文/图：玛格丽特＆H.A.雷）

8月	
1岁	《咣当当，火车开了》（文/图：安西水丸）
2岁	《小象散步》（文/图：中野弘隆）
3岁	《好脏的哈利》 （文：吉恩·蔡恩　图：玛格丽特·布罗伊·格雷厄姆）
4岁	《庙会》（文/图：五十岚丰子）
5岁	《森林里的小怪兽》（もりのへなそうる） （文：渡边茂男　图：山胁百合子）

9月	
1岁	《骨碌 骨碌 骨碌》（文/图：元永定正）
2岁	《小白熊做松饼》（文/图：若山宪）
3岁	《小蒂奇》（文/图：佩特·哈群斯）
4岁	《乌鸦面包店》（文/图：加古里子）

5岁	《简的毯子》(ジェインのもうふ) (文：阿瑟·米勒 图：艾尔·帕克)
10月	
1岁	《很多很多猫》(ねこがいっぱい)(文/图：格雷斯·斯卡尔著)
2岁	《古利和古拉》(文：中川李枝子 图：山胁百合子)
3岁	《大家来大便》(文/图：五味太郎)
4岁	《猴子和螃蟹》(文：神泽利子 图：赤羽末吉)
5岁	《爱哭的机器人》(文：古田足日 图：堀内诚一)
11月	
1岁	《哗啦哗啦，洗澡喽》(おふろでちゃぷちゃぷ) (文：松谷美代子 图：岩崎知弘)
2岁	《我的连衣裙》(文/图：西卷茅子)
3岁	《消防车吉普达》(文：渡边茂男 图：山本忠敬)
4岁	《团子哼唷》(文：大川悦生 图：长谷川知子)
5岁	《桃色的长颈鹿》(文：中川李枝子 图：中川宗弥)
12月	
1岁	《小金鱼逃走了》(文/图：五味太郎)
2岁	《古利和古拉的神秘客人》 (文：中川李枝子 图：山胁百合子)
3岁	《孩子的晚安书》(A Child's Good Night Book) (文：玛格丽特·怀兹·布朗 图：让·夏洛)
4岁	《笠地藏》(文：濑田贞二 图：赤羽末吉)
5岁	《魔奇魔奇树》(文：齐藤隆介 图：泷平二郎)

1月	
1岁	《脸，脸，各种各样的脸》（文/图：柳原良平）
2岁	《手套》（文/图：叶夫格尼·M.拉乔夫）
3岁	《噗～噗～噗》（文：谷川俊太郎　图：元永定正）
4岁	《哭泣的赤鬼》（文：滨田广介　图：池田龙雄）
5岁	《买手套去》（文：新美南吉　图：黑井健）
2月	
1岁	《吃饭喽》（文：渡边茂男　图：大友康夫）
2岁	《快乐的一天》（文：露丝·克劳斯　图：马克·西蒙特）
3岁	《三只熊》（文：列夫·托尔斯泰）
4岁	《小黑人桑波》（文/图：海伦·班尼曼）
5岁	《鹤妻》（文：矢川澄子　图：赤羽末吉）
3月	
1岁	《拔萝卜》（文：阿·托尔斯泰　图：佐藤忠良）
2岁	《阿立会穿裤子了》（文：神沢利子　图：西卷茅子）
3岁	《扑通扑通是什么声音》（ぽとんぽとんは なんのおと）（文：神沢利子　图：平山英三）
4岁	《三只小猪》（改编：瀬田贞二　图：山田三郎）
5岁	《苏和的白马》（文：大塚勇三　图：赤羽末吉）

后　记

有人会问，你教了那么多孩子，哪个孩子给你留下的印象最深？

这个问题很难回答。因为历届的孩子们都个性十足、可爱至极，很难从中挑选出一人。

但是，说到让我明确作为老师应该有什么样的姿态，脑海里一定会想起小江。

小江是自闭症儿童。

"这个孩子是重症自闭症。你不用想着去改变他，也不用思考怎么去教育他。只是希望你们照顾好他，能让他妈妈放心。"

听完女医生的话，我心里有些不安。

那时我 45 岁左右。与现在不同，当时关于自闭症的研究比较欠缺。

在小江入园的那年夏天，我去了东京参加自闭症研修会，听优秀的医生说"自闭症是父母教育的问题"。

"真是这样吗？"我半信半疑，第二年又参加了同一研修会，结果却又变成了"不是教育的问题，是大脑的问题"。

在当时的时代，也没有什么面向老师的正规指导书籍，只能不断地摸索尝试，已经记不清自己自学了多少相关知识。

小江的确是一个重症自闭症患者，语言发育迟缓，只会发元音，不停地到处跑动，很难与他沟通。

雪上加霜的是，小江在幼儿园期间，他的父亲突然去世了。"怎么会这样？"事发突然，让人难以置信。

小江母亲带他搬离原来的住所，为了维持两个人的生活，小江妈妈拼命地工作……我也想着一定要出一份力，所以更加尽心尽力地照看小江。

所以，即使到现在也常有人说，"一提到小江，大川老师就会激动兴奋"。虽说作为老师不能如此偏袒，但那种情况我势必会拼尽全力照看小江。

从幼儿园毕业后，他们搬到了其他地方，但我一直惦记着，时不时就会提起他，心里还是放心不下他。

但是，时隔15年，在成人礼上再次见到长大成人的小江时，之前的担心瞬间烟消云散。我送了他一条领带，欣慰地说"长大了啊"。虽然他无法进行正常的对话，但我感到很幸福。

在28年后，我88岁生日时，大家都说"大川老师，最挂念的就是小江吧"，于是把小江也叫来了。

这时小江已经是长途车司机了，并且用自己的名字贷款买了房子，和妈妈住在一起。

"啊，小江妈妈该有多开心啊！"我的内心感慨万千。小江完全自食其力了。

这就是我所认为的"孩子要竭尽全力绽放自己的独特之花"。

小江靠自己的能力，让自己的人生完美地绽放。

做自己力所能及的事，为社会做贡献，充实地度过每一天，这样的生活就是幸福的。

每每想到小江，我内心也充满幸福感。

絮絮叨叨讲了很多。育儿话题是本书的重中之重，最后基于我自己的反省，还讲到了夫妻关系（估计会被园长批评）。

如果本书能对各位家长培养孩子"自由生存能力和责任"有所帮助的话，我将不胜欣喜。在阅读过程中，相信你会有感同身受的时候，也会思绪万千，有赞同的地方，也会有疑惑的地方。在今后的育儿过程中，希望大家充分灵活地运用。

首先最重要的是，爸爸妈妈们要带着幸福的情绪养育孩子。育儿不是简单应对的事，所以会有"必须好好做"的压力。你是不是经常在内心为自己鼓劲儿"绝不能失败"呢？

但是，希望家长们放手让孩子去做，相信孩子，放下那些"必须"，开开心心地养育孩子。

借本书出版之际，对在我育儿生涯中帮助照顾过我的古川伸子老师、村田保太郎老师、佐伯一弥老师、体态律动教学的马渊明彦老师、"故事讲坛"的山本俱子老师以及其他诸多人士一并表示感谢。

　　此书是由田中裕子女士对我的采访整理而成，希望能对父母们在育儿过程中有所帮助。

2019 年 9 月

小俣幼儿生活园 保育主任

大川繁子

图书在版编目（CIP）数据

每个孩子都能像花儿一样开放 /（日）大川繁子著；
郑文莹译 . -- 北京：北京联合出版公司 , 2021.6（2023.6 重印）
ISBN 978-7-5596-5238-6

Ⅰ. ①每… Ⅱ . ①大… ②郑… Ⅲ . ①学前教育 – 教
学研究 Ⅳ . ① G612

中国版本图书馆 CIP 数据核字（2021）第 070348 号

北京版权局著作权合同登记 图字：01-2021-2263 号

"92 SAI NO GENEKI HOIKUSHI GA TSUTAETAI OYAKO DE SHIAWASE NI NARU
KOSODATE" by SHIGEKO OHKAWA
Copyright © 2019 Shigeko Ohkawa
All Rights Reserved.
Original Japanese edition published by JITSUMUKYOIKU-SHUPPAN Co., Ltd.
This Simplified Chinese Language Edition is published by arrangement with
JITSUMUKYOIKU-SHUPPAN Co., Ltd. through East West Culture & Media Co., Ltd., Tokyo

每个孩子都能像花儿一样开放

作　　者　[日]大川繁子
译　　者　郑文莹
出 品 人　赵红仕
责任编辑　徐　樟
项目策划　紫图图书ZITO®
监　　制　黄　利　万　夏
特约编辑　张久越
营销支持　曹莉丽
装帧设计　紫图装帧

北京联合出版公司出版
（北京市西城区德外大街 83 号楼 9 层　100088）
艺堂印刷（天津）有限公司印刷　新华书店经销
字数80千字　787毫米×1292毫米　1/32　7.25印张
2021年6月第1版　2023年6月第7次印刷
ISBN 978-7-5596-5238-6
定价：56.00元